D1670720

Lukas Dingelmaier

Happy American Dream

Die großen amerikanischen Mythen
und Ihre Dekonstruktion
bei Francis Scott Fitzgerald,
Jonathan Franzen und Philipp Roth

Diplomica® Verlag GmbH

Dingelmaier, Lukas: Happy American Dream: Die großen amerikanischen Mythen und Ihre Dekonstruktion bei Francis Scott Fitzgerald, Jonathan Franzen und Philipp Roth. Hamburg, Diplomica Verlag GmbH 2012

ISBN: 978-3-8428-8964-4
Druck: Diplomica® Verlag GmbH, Hamburg, 2012

Bibliografische Information der Deutschen Nationalbibliothek:
Die Deutsche Nationalbibliothek verzeichnet diese Publikation in der Deutschen Nationalbibliografie; detaillierte bibliografische Daten sind im Internet über http://dnb.d-nb.de abrufbar.

Die digitale Ausgabe (eBook-Ausgabe) dieses Titels trägt die ISBN 978-3-8428-3964-9 und kann über den Handel oder den Verlag bezogen werden.

© Diplomica Verlag GmbH
http://www.diplomica-verlag.de, Hamburg 2012
Printed in Germany

Inhaltsverzeichnis

1. Der Mythosbegriff

„Myth is a powerful presence in Western thinking, despite the alleged victory of logos over mythos in Greek antiquity and despite all the attempts of the Enlightenment to denigrate it and explain it away."[1]

Mythen bestimmen den Alltag der Menschen und sind omnipräsent. Oft unbewusst trifft man jeden Tag auf sie. Man begegnet ihnen am häufigsten in Gestalt des Ausspruchs 'das ist ein Mythos'. Dieser Satz soll auf eine allgemeine Annahme hinweisen, die von vielen Menschen geglaubt wird, nach Meinung desjenigen, der diesen Ausspruch tätigt, aber unwahr ist. Hinter einem Mythos steckt also immer auch etwas Unwahres, zumindest nach der Definition des Volksmunds.

Der Begriff findet jedoch auch Anwendung für eine Vielzahl anderer Dinge. Produkte der freien Wirtschaft werden beispielsweise manchmal als mythisch bezeichnet. Wenn etwa ein Werbetext der potentiellen Käuferschaft verspricht, 'der Mythos ist zurück', es dabei um einen Schuh, eine Handtasche, eine Waschmaschine, etc. geht die eine Wiedereinführung auf dem Markt erhalten – und dabei offenbart sich der teilweise inflationäre Gebrauch des Begriffs – gilt das den Werbetreibenden bereits als ausreichend, etwas zu mystifizieren. Maßgeblich dabei ist wohl, dass das Produkt sich einige Zeit regen Zuspruchs der Verbraucherschaft erfreut hat, dann eingestellt wurde und nun wieder auf den Markt geworfen wird. Ob das Produkt die Bezeichnung 'Mythos' verdient, ist fragwürdig bzw. schwer nachweisbar, da Konsumgüter von der Geisteswissenschaft kaum beachtet werden. Der französische Semiotiker, Philosoph und Kritiker Roland Barthes schreibt in seinem Werk *Mythologies,* auf Deutsch treffend in *Mythen des Alltags* übersetzt, jedoch von alltäglichen Dingen, die zu Mythen geworden sind und dabei abstrakte Ideen wie zum Beispiel das 'Franzosentum' geradezu verkörpern. Barthes spricht diese Eigenschaften etwa dem Beefsteak oder dem Auto Citroën DS[2] zu. Daraus folgt, dass vieles, selbst die banalsten Dinge, mystifiziert werden können.

Auch in Kultur und Politik haben Mythen kaum an Boden verloren. Im Gegenteil scheint es, als ob sie größere Popularität denn je zuvor besitzen.[3] Massen- und Hochkultur, will man diese Unterscheidung bemühen, generieren neue bzw. rekurrieren auf bestehenden Mythen. Ein Beispiel etwa findet sich, blickt man auf die Fernsehsendungen mit dem Titel 'Legenden', die in der Hauptfernsendezeit und

---

1 Gudrun Grabher und Martin Heusser, *American Foundational Myths* (Tübingen: Narr, 2002) 9.
2 Roland Barthes, *Mythen des Alltags* (Frankfurt am Main: Edition Suhrkamp, 1964) 38.
3 Grabher, Heusser 9.

mit großem Erfolg läuft. Der Titel deutet es bereits an, es geht um zu Mythen gewordene Persönlichkeiten; Ein weiteres Beispiel wären die Richard-Wagner-Festspiele in Bayreuth und die damit verbundene und Jahr für Jahr wiederkehrende Aufführung des *Ring des Nibelungen*. Hier werden die angeblich deutschen Mythen wiederbelebt; Nicht zuletzt auch Politiker greifen zu der wirksamen Waffe Mythos. Zum Beispiel indem sie sich auf legendäre Vorgänger berufen, in dessen Tradition sie stehen wollen. Jüngst sah man dies am SPD-Politiker Peer Steinbrück, der mit dem in Deutschland hoch geschätzten Ex-Kanzler und zur 'Lichtgestalt' gewordenen Helmut Schmidt ein Buch veröffentlichte. 'Er kann es' zitierten die Postillen den Altkanzler über die Chancen seines Schützlings bei der Bundestagswahl 2013. Der Ältere wollte so dem Jüngeren einen Teil seiner Strahlkraft als mythisches Vorbild verleihen.

Die Gründe jedoch, warum Mythen gerade heute derart dominieren sind schwierig zu analysieren und sind für vorliegendes Buch irrelevant, da sie eine Analyse im sozialwissenschaftlichen und nicht im literaturwissenschaftlichen Bereich erforderten. Es bleibt nur zu sagen, dass Mythen omnipräsent sind, weil ihre Rolle eng mit der zunehmenden Komplexität und den fundamental antithetischen Erfordernissen und Strukturen der westlichen Gesellschaften zusammenhängt.[4] Mythen liefern Erklärungsversuche einer unerklärlichen Welt. Dazu später mehr.

Da eine Vielzahl von Dingen als Mythos betrachtet wird, ist es notwendig, einen praktikablen Mythosbegriff zu erarbeiten, der für vorliegende Studie verwendet werden kann. Surft man durch das Internet und sucht beispielsweise (und in der Wissenschaft bislang verbotenerweise) auf der Seite von *Wikipedia* den Begriff 'Mythos', erhält man eine Fülle an Informationen. Der Mythosbegriff ist keineswegs eindeutig definiert. Mehrere unterschiedliche wissenschaftliche Fachrichtungen bieten hier eine oder gleich zwei und drei, mehr oder weniger genaue Definitionen feil: die Semiotik, die Psychologie, die Politikwissenschaft, die Ethnologie, die Religionswissenschaft und nicht zuletzt die Literaturwissenschaft. Die erzählende Literatur ist es auch, um die es in vorliegender Untersuchung geht. Zunächst gilt es also, einen Mythosbegriff zu finden, mit dem gearbeitet werden kann.

In seiner Promotionsarbeit *Family, Frontier and American Dreams* bestätigt André Hahn die Omnipräsenz von Mythen und fügt hinzu, dass „[t]rotz [dieser Allgegenwärtigkeit] [...] Mythen teilweise nicht mehr als solche wahrgenommen

---

4 Grabher, Heusser 9.

werden, sondern entweder unbewusst sind oder manchmal sogar als wahr akzeptiert werden."[5]

Tiefer gehend betrachtet, lässt sich sagen, „dass ein Mythos für gewöhnlich sehr eng mit Erinnerung verknüpft ist, da ersterer zumeist aus letzterer hervorgeht."[6] Hier kommt der Begriff des kulturellen Gedächtnisses ins Spiel. Es ist eher selten, dass eine Sache zum Mythos wird, wenn sie nur in den Gedanken eines einzelnen Individuums kursiert, denn Mythen sind meist Erinnerungen von Gruppen, oftmals Volksgruppen, sogenannten Ethnien, und Nationen – das Kollektiv ist stets entscheidend. Umgedreht sind Mythen auch in „jeder Gesellschaft vorhanden"[7]. Gruppen erinnern sich gemeinsam an etwas, etwa im Laufe von festlichen Ritualen wie Weihnachten, Ostern, Pfingsten. Lange Zeit wurde der Begriff so vor allem für die kollektive Erinnerung von Religionsgemeinschaften an ihre Götter- und Heiligengeschichten verwendet. Auch erinnern sich Gesellschaften gemeinsam an bestimmte Ereignisse, zum Beispiel in Form von nationalgeschichtlichen Entstehungsmythen.

Daraus lässt sich eine wichtige Funktion der Mythen ableiten: „Durch die Erinnerung an bestimmte Geschehnisse vergewissert sich die Gruppe der Erinnernden ihrer Zusammengehörigkeit und vor allem auch ihrer eigenen Identität."[8] Der Wahrheitsgehalt der gemeinsamen Erinnerung spielt dabei kaum eine Rolle – in der Vorstellung der Erinnernden sind sie schlichtweg 'wahr' und werden nicht in Frage gestellt. Das gemeinsame Memorieren wichtiger Ereignisse hat natürlich Folgen für die Gruppe:

> „Aus gemeinsamen Glauben und geteilten Erinnerungen gehen [...] Zusammen-
> gehörigkeit, eine gemeinsame Vorgeschichte und somit auch eine gemeinsame
> Identität hervor. Identität drückt hier das aus, was einen Menschen oder eben eine
> Menschengruppe von einem oder einer anderen unterscheidet."[9]

Mit anderen Worten: „By designating the whole of shareable representations held in common by the members of a community, myth provides society with collective values and beliefs"[10]. (Da auch der Begriff 'Identität' sehr schwierig zu definieren ist und es mehr als eine gültige Definition des Terminus gibt, soll der Begriff im Weiteren als das Zugehörigkeitsgefühl zu einer sozialen Gruppe gebraucht werden, wie etwa

---

5 Hahn, André. *Family, Frontier and American Dreams – Darstellung und Kritik nationaler Mythen im amerikanischen Drama des 20. Jahrhunderts* (Trier: Wissenschaftlicher Verlag, 2009), 9.
6 Hahn 11.
7 Hahn 11.
8 Hahn 12.
9 Hahn 12.
10 Grabher, Heusser 10.

ein Franzose sich dem 'Franzosentum' oder ein Amerikaner dem *American Way of Life* verpflichtet fühlen mag.) Bei den beiden obigen Zitaten fühlt man sich an das Beispiel des französischen Automobils oder Nationalgerichtes, das den Charakter der Gruppe aller Franzosen versinnbildlichen kann, erinnert. Die Rechtfertigung der gedachten Verbindungen zwischen Signifikat ('Franzosentum') und Signifikant (Auto, Beefsteak) ist natürlich durchaus Kritik würdig, dennoch ist es unbestreitbar wahrscheinlich, dass ein Großteil der Franzosen, zumindest zur Zeit der Veröffentlichung von *Mythen des Alltags*, sich mit diesen und deren Repräsentation ihrer Nationalzugehörigkeit einverstanden erklärt hätte. Mythen schaffen also Identität.

„Ein Mythos ist eine Geschichte, die man sich erzählt, um sich über sich selbst und die Welt zu orientieren, eine Wahrheit höherer Ordnung, die nicht einfach nur stimmt, sondern darüber hinaus auch normative Ansprüche stellt und formative Kraft besitzt."[11] Diese Aussage lässt sich relativieren, wie man bereits gehört hat. Denn ein Mythos muss keinesfalls eine Geschichte im klassischen Sinne sein, muss nicht zwingend eine Narration mit Anfang und Ende, Plot und Charakteren, etc. sein. Vielmehr ist „jedweder Zeichen- bzw. Kommunikationsträger potentiell dazu in der Lage, als Mythos zu fungieren bzw. einen solchen zu enthalten."[12] So eben auch das Auto und das Beefsteak, die beide eine Vielzahl von nonverbalen Aussagen treffen und auf die sich zudem eine Vielzahl von Inhalten projizieren lassen. Als Beispiele: Ein 'schicker Wagen' sagt etwas über Status und das Selbstbild seines Besitzers oder Fahrers aus, kann aber Anderen dafür gelten, dass der Autobesitzer sich nicht um Belange des Umweltschutzes kümmert; das Beefsteak ist auch ein Zeichen sozialer Ranghöhe kann aber auch eine Verweigerung von Vegetarismus versinnbildlichen. So „kann alles, wovon ein Diskurs Rechenschaft ablegen kann, Mythos werden"[13], zudem kann der Mythos wiederum eine Vielzahl an Rechenschaften ablegen. Mythen sind ubiquitär aber auch schwer fassbar und in höchstem Grade interpretativ.

Gilt die identitätsstiftende Funktion von Mythen bei Gruppen, so gilt sie, wie bereits erwähnt und nun in der Absicht zu vertiefen, ganz besonders für Nationen und Nationalstaaten. „Jede Nation benötigt eine Nationalgeschichte, in der ihre Entwicklung und Existenz erklärt und validiert ist."[14] So hat jede Nation eine Vielzahl

---

11 Hahn 14.
12 Hahn 17.
13 Hahn 17.
14 Hahn 14.

eigener Nationalmythen. In Deutschland gibt es zum Beispiel den Mythos des Götz von Berlichingen, tradiert durch das Drama von Johann Wolfgang von Goethe; aber auch der Mythos der zweiten Reichsgründung von 1871 ist einer der gängigsten Mythen Deutschlands. Dieser wird vor allem von der mystifizierten Persönlichkeit, wenn man so will der 'Legende', Otto von Bismarck, verkörpert. Frankreich beansprucht einen der weltweit einflussreichsten Mythen für sich: den der französischen Revolution und deren demokratische Ideale von Freiheit, Gleichheit und Brüderlichkeit. Die Nationalmythen sorgen dafür, dass „auf die große Kontinuität zwischen den vergangenen Zeiten und der gegenwärtigen Situation aufmerksam gemacht [wird]. Durch Erinnerung an die frühere Größe verleiht man ihnen eine kollektive Würde. Und schließlich beschwört man durch Präsentation der Vergangenheit als einen Spiegel der Zukunft ein glorreiches Schicksal, das jedem Bewohner bevorstehe."[15] Dadurch soll den Menschen einer Nation verdeutlicht werden, „dass sie über eine gemeinsame Mentalität und über ähnliche Denkweisen verfügen."[16] Mythen sind also unabdingbar für eine Nation. Sie fördern den Zusammenhalt der Individuen, sind sozusagen der 'Kitt' einer jeden Gesellschaft.

Aber Mythen haben noch andere Funktionen. In *Amerikanische Mythen* erklärt Frank Unger:

> „Mythen sind eine Kategorie menschlicher Erkenntnis der Wirklichkeit. Durch sie haben sich vor langen Zeiten die Menschen all die Dinge erklärt, auf die sie sich mit ihrem gewöhnlichen Verstand und ihrer Alltagserfahrung keinen Reim machen konnten."[17]

Unger meint hier zwar wohl am ehesten die im Volksmund gebräuchliche Form der Mythen, d.h. Geschichten über Götter, Heilige, Helden, etc., also nicht den breit gefassten Mythosbegriff von Roland Barthes, dennoch spricht er eine wichtige Eigenschaft an: sie dienen oft dazu, das Unbegreifliche zu erklären: Fragen „wie die Welt entstanden ist, woher die Götter kamen und die Zivilisation, weshalb Vulkane mitunter Feuer speien und manche Flüsse im Frühjahr über die Ufer treten"[18], konnten, zu einer Zeit als es wissenschaftliche Erklärungen basierend auf Forschung und Fakten noch nicht gab, durch Mythen, in diesem Fall der Glaube an höhere Mächte, erklärt werden. Heute verlässt sich die Menschheit auf Forschung und Wissenschaft, früher waren es Mythen, auf die man sich verlassen musste. Als dann

---

15 Hahn 14.
16 Hahn 14.
17 Frank Unger, *Amerikanische Mythen – Zur inneren Verfassung der Vereinigten Staaten* (Frankfurt: Campus, 1988) 8.
18 Unger 8.

die (Natur-)Wissenschaften antraten, den Menschen die Welt zu erklären, gerieten die Mythen allmählich ins Hintertreffen, waren nicht mehr geeignet, Unerklärliches erklärbar zu machen: „Die Aufklärung ist über diese Art, sich Wirklichkeit verständlich zu machen, mit strengem Spott hergezogen; für sie waren Mythen eine Erscheinungsform der Unreife des Menschengeschlechts, von Naivität, Angst und Aberglauben."[19] Das Zitat zu Beginn dieses Buches beweist es schon: Mythen feiern in der heutigen Zeit ihr Comeback. Am Beispiel der Eurokrise sah man, dass selbst wissenschaftliche Aussagen zu Mythen wurden, zumindest was ihre Eigenschaft angeht, häufig unwahr zu sein: Zahlreiche Experten äußerten sich darüber, wohin der Euro geht, die meisten dieser sogenannten Experten lagen falsch. So gab es keine Fakten mehr, sondern nur mehr Mythen, um die Krise, ihre Ursachen und Auswirkungen zu erklären. Es scheint, als ob der Mensch die von ihm geschaffene Welt nicht mehr versteht und nun, wie in vor-aufklärerischen Zeiten, auf Mythen zurückgreift, um sich die Dinge, auf die er sich mit Verstand und Alltagserfahrung keinen Reim mehr machen kann verständlich zu machen.

Neben der Identität stiftenden, der Nationen 'kittenden' und der Welt erklärenden Funktion der Mythen, gibt es darüber hinaus noch eine andere wichtige Funktion von Mythen: die „Stiftung von Hoffnung"[20]. Von jeher speist sich die Absicht des Menschen, trotz widriger Umstände 'weiterzumachen' und 'durchzuhalten', d.h. nicht einfach Selbstmord zu begehen, die Widrigkeiten des Lebens zu akzeptieren, aus Hoffnung. Eine

> „bürgerliche Gesellschaft ist, aller politischen Demokratie und aller denkbaren sozialstaatlichen Abmilderung zum Trotz, ihrem Wesen nach dadurch bestimmt, daß [sic!] ein kleinerer Teil ihrer Mitglieder systematisch auf Kosten eines weitaus größeren Teils bereichert und dadurch ständig aufs neue [sic!] soziale Ungleichheit reproduziert. Dies gerät in Widerspruch zum bürgerlichen Grundwert der Gleichwertigkeit aller Menschen. Dadurch ergeben sich Friktionen und Kon-flikte, die den für den ordnungsgemäßen Ablauf der Geschäfte unerläßlichen [sic!] Konsens innerhalb der politisch-ökonomischen Einheit gefährden."[21]

Eine Gesellschaft wird auch durch das Prinzip Hoffnung am Leben erhalten. Dabei ist die Hoffnung auf sozialen Aufstieg und die Hoffnung auf Verbesserung des eigenen Zustandes die Antriebsfeder der 'Massen' schlechthin, nicht auf die Barrikaden zu gehen, den Palästen den Krieg zu erklären. Hoffnung entschärft die soziale Ungleichheit, diese 'Friktionen und Konflikte'. Hoffnung verleitet die Menschen zum Stillhalten, zur Akzeptanz und zum stillen Erdulden ihres oftmals kläglichen

---

19 Unger 8.
20 Hahn 14.
21 Unger 9.

Schicksals. Durch ihre optimistischen Aussagen und ihrer Verheißung von etwas Besserem, malen manche Mythen den Menschen ein positiveres Bild von der Zukunft. Auch durch das Prinzip Hoffnung wird der Nationalstaat gekittet.

Mythen dienen aber auch essentiellen sozio-politischen Intentionen wie der Etablierung und Aufrechterhaltung von Autorität[22] einer Gruppe oder eines Einzelnen über Andere innerhalb einer Gesellschaft. Längst ist es hierbei nicht mehr nur der religiöse Diskurs, in dem Mythen zur Machterhaltung dienen (man denke an den Handel mit Ablässen im Mittelalter oder die Inquisition bis weit in die Renaissance). Religionen haben in der westlichen Kultursphäre an Macht verloren, Mythen aber dienen immer noch dazu, Autorität auszuüben. Man denke an den Politiker, der sich auf seinen 'legendären' Vorgänger beruft und dadurch Wahlen gewinnt oder den Mythos vom sozialen Aufstieg durch harte Arbeit und Bejahung des *status quo* der gesellschaftlichen Normen, um Revolutionen zu vermeiden.

1.1 Die *Myth and Symbol School*

Eine Theoretikergruppe, die sich mit Mythen, vor allem mit den amerikanischen, befasste, war die *Myth and Symbol School,* deren Blüte in den Jahren zwischen dem Ende des Zweiten Weltkriegs und den späten 60er Jahren des 20. Jahrhunderts lag. Die Bewegung formte zugleich den ersten theoretischen Ansatz der damals in den Kinderschuhen steckenden Amerikanistik/American Studies.[23]

„Die Terminologie der frühen Schriften betont einen holistischen Zugriff auf die U.S.-amerikanische Geschichte und Gesellschaft und deren individuelle und kollektive Ausdrucksformen."[24] Die Vertreter der *Myth and Symbol School* und ersten Philologen der Amerikanistik, etwa Henry Nash Smith, Leo Marx oder John William Ward, versuchten, geprägt von der Annahme, dass die Gesamtheit der U.S.-amerikanischen Geschichte und Kultur kohärent und konsensual aus ihren symbolischen Repräsentationen heraus zu begreifen ist[25], eine Essenz der USA, die 'americanness' *per se*, zu finden. Dabei folgten sie „ganzheitlich-kulturhistorischen Ansätzen der 1920er und 1930er Jahre"[26]. Durch die Analyse repräsentativer und individueller Werke der U.S.-amerikanischen Literatur und Kunst sollten „repräsentative Mythen und Symbole" gefunden werden, welche „die kollektiven

---

22 Grabher, Heusser 9.
23 „II. Myth and Symbol School" in *Cultural Theory*. Culturalpolitics.net. 11. Nov. 2011
<http://culturalpolitics.net/cultural_theory/myth>.
24 Hebel 393.
25 Hebel 394.
26 Hebel 394.

Ideale, Wertvorstellungen, Identitätskonstruktionen und Handlungsweisen repräsentieren, die die Geschichte und Gesellschaft der USA historisch wie gegenwärtig bestimmen."[27]

In seinem wegweisenden Essay „Can >American Studies< Develop a Method?" schreibt Henry Nash Smith auch von der Wichtigkeit der Verquickung von Literatur und Soziologie:

> „What is needed is a method of analysis that is at once literary (for one must begin with an analytical reading of the texts that takes into account structure, imagery, diction, and so on) and sociological (for many of the forces at work in the fiction are clearly of social origin)"[28]

Udo Hebel bemängelt jedoch das Ausbleiben eines methodischen Apparates oder einer spezifischen Theorie, die der Interdisziplinarität der Amerikanistik/*American Studies* gerecht werden konnte.[29]

Die Bewegung hat natürlich auch ihre eigene Vorstellung von dem, was ein ein Mythos ist. Richard Slotkin, ein späterer Vertreter der *Myth and Symbol School*, definiert den Begriff wie folgt: „Myth is the primary language of historical memory: a body of traditional stories that have, over time, been used to summarize the course of our collective history and to assign ideological meanings to that history."[30]

Für vorliegende Studie hat der Ansatz der *Myth and Symbol School* Hilfreiches und weniger Hilfreiches zu bieten. Es ist nicht von der Hand zu weisen, dass Mythen, Symbole und Motive einen ernstzunehmenden Platz in der Kultur einer Gesellschaft einnehmen, nicht zuletzt in der U.S.-Gesellschaft. Sie sind überaus wichtig in der Prägung der Gemeinschaft und haben, wie bereits erklärt, eine der Schaffung und Aufrechterhaltung der Gemeinschaft zuträgliche Funktion.

Auch die Verbindung von Soziologie und Literatur, wie von Henry Nash Smith propagiert, ist positiv zu bewerten. Die Soziologie ist die Lehre von der Gesellschaft. Eine Gesellschaft besteht aus Menschen. Diese schaffen wiederum Literatur. Insofern sind die Einflüsse auf deren Leben und somit auf die Literatur ernst zu nehmen.

Die Idee, die einer Kritik jedoch nicht standhält, ist die einer holistischen Analyse einer Kultur. Dieser Ansatz ist veraltet und schlichtweg falsch, zumal es in den USA,

---

27 Hebel 393.
28 Henry Nash Smith, „Can >American Studies< Develop a Method?"in *Studies in American Culture –
Dominant Ideas and Images*. Hgg. Joseph J. Kwiat und Mary C. Turpie. (Minneapolis: University of Minnesota Press, 1960) 7.
29 Hebel 393.
30 Richard Slotkin, „Myth and the Production of History" in *Ideology and Classic American Literature*, Hgg.
  Sacvan Bercovitch and Myra Jehlen (Cambridge: Cambridge University Press, 1986), 70.

und das gilt genauso für die anderen Länder der Erde, nicht *die eine* Kultur gibt. Selbst wenn man 'Kultur' mit 'Ethnie' substantiviert, gibt es kaum ein Land der Erde, welches nur von einer Ethnie bewohnt wird. Zudem besteht die Nation der USA aus den verschiedensten, teilweise gegeneinander agitierenden Ethnien. Diese können und wollen sich kaum auf eine einzige gültige Repräsentationen ihrer Selbst, etwa als Volksgemeinschaft der USA, und der damit einhergehenden nicht-Beachtung ihrer Unterschiede einigen. Demzufolge ist eine kulturelle Analyse der USA als ein homogenes Ganzes schlichtweg unmöglich.

Ein weiterer Kritikpunkt an der *Myth and Symbol School* ist die Distanzlosigkeit ihrer Vertreter, zumindest jener der ersten Stunde, zu den U.S.-amerikanischen Mythen. Es scheint, als ob sie nur nach dem 'Schönen und Guten' suchten, eine kritische Auseinandersetzung mit ihren Ergebnissen jedoch scheuten. Dies wurde von Bruce Kuklick als philosophischer Idealismus, Elitarismus und als Mangel an soziologisch-theoretischem Unterbau kritisiert[31].

Fragwürdig ist auch die Definition des Mythosbegriffs durch Richard Slotkin. Dass Mythen die Sprache der 'historischen Erinnerung' sind, ist zweifelhaft. Die Historiographie ist eine eigene Wissenschaft, welche vornehmlich die Aufgabe hat, die Erinnerung der Menschen an die 'Geschichte' zu speisen. 'Geschichte' basiert eher auf dem, was die Historiker gerne 'Fakten' nennen, nicht auf mythischen Erzählungen, da diese oft, wie eingangs bereits erwähnt, als unwahr betrachtet werden. Die Begriffe 'kulturelle/kollektive Erinnerung' oder 'kulturelles/kollektives Gedächtnis' wären hier passender.

Auch die Annahme, dass es sich bei Mythen allein um einen Korpus von Geschichten handelt, ist nicht haltbar. Wie bereits erwähnt, muss ein Mythos nicht immer nur eine Erzählung sein, sondern kann ein Konsumgut, eine Geschichte, eine Person, etc. sein.

Die These, Mythen verliehen der 'Vergangenheitserinnerung' der sich an sie Erinnernden und der mit ihnen in Kontakt tretenden Gesellschaft ideologischen Unterbau, lässt sich wiederum kaum von der Hand weisen. Da Mythen unter anderem Machterhalt von Herrschern oder Herrschaftssystemen sichern und Nationalstaatenkitt liefern, ist ihnen eine ideologische Komponente durchaus immanent.

So scheitert die *Myth and Symbol School* an der Versteifung ihrer Analyse auf Literatur und Kunst und versäumt dabei andere Diskurse einzubeziehen. Daher ist

---

31 Bruce Kuklick. "Myth and Symbol in American Studies." in *American Quarterly* 24 (1972): 435-450.

sie weder gänzlich für vorliegendes Buch noch für die Amerikanistik, die mit den *Cultural Studies* letztendlich einen überzeugenderen Ansatz gefunden hat, geeignet.

1.2 Definition des Mythosbegriffs für das vorliegende Buch

Anhand der obigen Sachverhalte kann nun ein für die weitere Ausführung notwendiger Mythosbegriff gefunden werden: Es lässt sich sagen, dass 'jedweder Zeichen- bzw. Kommunikationsträger' ein Mythos sein kann. Dies reicht vom kleinsten Konsumgut bis zur komplexesten epischen Erzählung; auch Personen können Mythen sein; Mythen sind ubiquitär und bleiben als solche doch manchmal unerkannt; ein Mythos trägt auch stets etwas Unwahres in sich; meist hängt ein Mythos mit der Erinnerung von Menschen zusammen, ist oftmals eine kollektive Erinnerung im kulturellen Gedächtnis; Mythen haben gewisse Funktionen: Identitätsstiftung von Menschen und Generierung des Zusammenhalts von Gesellschaften und/oder sozialen Gruppen, Machterhalt ihrer Autoritäten, Erklärung des Unerklärbaren und Erzeugung und Erhaltung von Hoffnung und Vertrauen in die Zukunft; Zudem treten Mythen oft in Zusammenhang mit dem Konzept des Nationalstaats auf;

Mythen werden in den verschiedensten Diskursen tradiert. Für vorliegendes Buch maßgeblich ist aber der kulturelle, insbesondere der literarische Diskurs, der aber natürlich, wie sonst auch alle Diskurse, wiederum von allen anderen Diskursen beeinflusst wird. Den Ansatz der Verquickung von Literatur und Soziologie der *Myth and Symbol School* verfolgt auch vorliegende Studie, die immer wieder auch versucht, Beispiele aus dem 'wahren Leben' einzubeziehen, um die Wichtigkeit und Allgegenwärtigkeit der beschriebenen Mythen zu veranschaulichen.

Vorliegende Untersuchung soll die U.S.-amerikanische Mythen *Happy American Family*, *American Dream* und *American Exceptionalism/Manifest Destiny* zunächst erklären. Dies erfolgt in drei großen Kapiteln, die jeweils den Namen des betreffenden Mythos tragen. Hierbei wird erst auf die geschichtlichen Ursprünge des entsprechenden Mythos eingegangen, dann werden seine Charakteristika und Eigenschaften geklärt. Anschließend soll die Darstellung des jeweiligen Mythos in den drei Romanen *Der große Gatsby* von Francis Scott Fitzgerald, *Amerikanisches Idyll* von Philipp Roth und *Die Korrekturen* von Jonathan Franzen geprüft und in dieser Abhandlung erörtert werden. Wenn es eine Destruktion dieser Mythen gibt, soll diese auch beschrieben und bewertet werden. Es stellt sich also die Frage, wie die drei U.S-amerikanischen Mythen *Happy American Family*, *American Dream* und *American Exceptionalism/Manifest Destiny* in den Romanen *Der große Gatsby* von Francis Scott Fitzgerald, *Amerikanisches Idyll* von Philipp Roth und *Die Korrekturen* von Jonathan Franzen dargestellt und wie sie in selbigen als illusorisch entlarvt werden.

2. U.S.-amerikanische Mythen allgemein

Zunächst soll auf die Wichtigkeit von Mythen für die Gesellschaft der USA eingegangen werden. Wenn die USA eines nicht haben, so ist das eine ethnische Homogenität ihrer Bürger. Die heutige Bevölkerung ist eine Mischung aus vielerlei Volksgruppen, die aus allen Kontinenten der Erde eingewandert sind. Die Amtssprache der USA ist zwar Englisch, dennoch haben viele dieser Gruppen eigene Muttersprachen und Spanisch ist gerade dabei, Englisch als meist gesprochene Sprache zu überholen. Sprache ist insofern wichtig, als dass sie einen 'natürlichen' Aspekt in der Konstruktion einer gemeinsamen Identität innerhalb einer Gesellschaft bildet. Natürlich haben all diese verschiedenen Ethnien nicht nur ihre eigene Sprache und Mundart, sondern auch ihre eigene Kultur mit allem was dazu gehört: eine eigene Religion oder/und eigene Götter, eigene Riten und Traditionen, eigene Essgewohnheiten und Gerichte und vieles mehr. So muss Zusammengehörigkeit und Einheit innerhalb des Staates auf anderen Wegen entstehen. Da sie sich für diese Funktion anbieten, haben Mythen in den USA immer schon eine speziell wichtige Rolle im öffentlichen Bewusstsein ihrer Bewohner gespielt[32] und besitzen „eine anhaltende [...] Popularität"[33].

Die Gründe für diese Popularität sind in der Geschichte zu suchen und sind ein direktes Ergebnis der gesellschaftlichen Strukturen der frühen Siedler und ihrer politischen Bedürfnisse.[34] Die neu-englischen Gründerväter stützten die moralischen, ethischen und juristischen Aspekte ihrer Gesellschaft in der Neuen Welt auf Gottes Wort.[35] Die Lutherbibel war das Gesetz nach dem es sich für die Bürger zunächst zu richten galt. Nach der Säkularisierung durch die Verfassung der Vereinigten Staaten löste sich diese Gesetz- und Rechtsprechung auf. Es entstand ein moralisches, ethisches und juristisches Vakuum[36]:

> "This void was gradually filled by a similarly universal and no less authoritative referential system – myth. The settlers urgently needed its identificatory properties in the critical transitional phase between the separation from their mother country and their reconstitution as an independent state."[37]

Durch Etablierung und Verbreitung der amerikanischen Mythen war es möglich, dass die schnell wachsenden Einzelstaaten, denn immer mehr Siedler kamen aus Europa

---

32 Unger 9.
33 Hebel, Udo. Einführung in die Amerikanistik/American Studies (Stuttgart: Metzler, 2008) 303.
34 Grabher, Heusser 11.
35 Grabher, Heusser 11.
36 Grabher, Heusser 11.
37 Grabher, Heusser 11.

und Asien, *e pluribus unum*, zu den Vereinigten Staaten von Amerika wurden. Im Lauf der Geschichte schloss man sich immer wieder gegen gemeinsame Feinde zusammen, etwa die englischen und französischen Kolonialherren, und erkannte dabei, dass Gemeinsamkeit große Vorteile hat. Da die Mythen viele Menschen ansprachen und sich viele Individuen mit ihnen identifizieren konnten, aus ihnen Hoffnung und Vertrauen schöpften und sich durch sie ihre Identität erklärten, war es möglich, durch die ihnen immanenten Vorstellungen einen ideologischen Unterbau für die Staatsgemeinschaft der USA zu liefern.

Die U.S.-Mythen dienen „der nationalen Sinngebung"[38] der USA, denn sie dienen den U.S.-Amerikanern dazu,

> „Widersprüche zwischen Legitimation und Wirklichkeit, zwischen äußerer Fassade und innerer Struktur, Elend und Verheißung, Verfall und neuem Leben [zu überbrücken]. Mythen erfüllen u.a. die Funktion, auf die dialektischen Fragen, die eine Gesellschaft stellt, keine unangenehmen Antworten geben zu müssen."[39]

Fragen nach dem 'Wie?' und dem 'Wer?' der Nation werden durch die Mythen hinreichend beantwortet, sodass Friktionen und Widersprüche wenn nicht aufgelöst, so doch auch nicht prävalent werden.

Zudem dienen die Mythen „[...] der internationalen Wahrnehmung"[40] der Vereinigten Staaten. So wird beispielsweise der *American Dream* nicht mit dem gesamten nordamerikanischen Kontinent, der auch Grönland, Kanada und die Karibikstaaten einschließt, sondern allein mit den USA in Verbindung gebracht. Dies gilt auch für die *Happy American Family* und den *American Exceptionalism*.

Des Weiteren haben Mythen „bestimmte, gewissermaßen mit einem Skepsistabu belegte 'Wahrheiten' über den historischen Ursprung und den prinzipiellen Charakter der Gesellschaft der Vereinigten Staaten zum Inhalt"[41]. Auf die angesprochene Eigenschaft hin, dass Mythen immer auch etwas Unwahres in sich tragen, muss hier geantwortet werden, dass es schlicht eine Frage des Glaubens des Individuums an einen entsprechenden Mythos ist, ob er oder sie ihm 'Wahrheit' zugestehen mag oder nicht. Die Wissenschaft muss hierbei anders vorgehen und so stellt sich dieser Band auch der Aufgabe, die Dekonstruktion der U.S.-Mythen zu analysieren.

Die U.S.-amerikanischen Mythen haben auch und vor allem die Aufgabe, Hoffnung zu stiften. Sie „machen sicherlich vielen [Bürgern] ihre Rolle in diesem gesellschaftlichen Zusammenhang [die USA] subjektiv plausibel und damit nicht

---

38 Unger 11.
39 Unger 11.
40 Hebel 303.
41 Unger 9.

selten auch erst erträglich."[42] Dies gründet darin, dass das in der U.S.-amerikanischen Unabhängigkeitserklärung propagierte „'Streben nach Glück' zu einem Recht aller [U.S.-amerikanischen] Menschen"[43] gemacht wird. *Pursuit of Happiness* ist so ein Auftrag der Gründer der USA, namentlich Thomas Jeffersons und der der anderen Unterzeichner der Unabhängigkeitserklärung, an die Bevölkerung ihrer 'eigenen Glücke Schmied' zu sein. Was aber noch wichtiger ist, ist, dass viele Bürger an das Glück glauben, das ihnen von ihren Gründern versprochen wurde. So ist jeden Tag aufs Neue die Hoffnung auf Glückseligkeit für alle, zumindest gefühlt, nicht mehr fern.

2.1 Entzauberung der Mythen?

Die amerikanischen Mythen, die hier Behandlung finden sollen sind nicht ausgereifte Geschichten mit Plot, Charakteren, etc., wie etwa die Legende von Pocahontas und Kapitän Smith. Zudem sollen sie alle im Lauf dieser Untersuchung als „beflissen akzeptierte Plattitüden, die alle im Prinzip auf ein und dasselbe hinauslaufen, nämlich die Bestätigung der 'Einzigartigkeit' der Vereinigten Staaten"[44], entlarvt werden.

Selbst der *Pocahontas*-Mythos nutzt sich durch seine ständige Wiederholung ab und wird zur Plattitüde. Dies nicht zuletzt, weil er von der Freundschaft und Liebe zwischen einer Indianerin und einem Weißen handelt, wo doch der Umgang der USA mit den Natives, gelinde ausgedrückt, kaum Freundschaft und Liebe zum Thema hatte. Dennoch oder gerade deshalb wird der Mythos als *common truth* akzeptiert. Wohl auch, um die Idee von der 'unschuldigen Nation' nicht zu demontieren, was später noch genauerer Analyse unterzogen werden soll.

Ein weiteres Beispiel, wie flach ein Mythos sein kann, ist der Satz 'vom Tellerwäscher zum Millionär'. Die der deutschen Wendung zugrunde liegende Phrase in den USA heißt *'from rags to riches'*. Diesem Satz ist keinerlei Prädikat zu eigen, er hat also keinerlei 'Satzaussage'. Dennoch war und ist sie für viele Menschen überall auf der Welt eine Ermunterung, dem Mythos des amerikanischen Traumes zu folgen, ihr 'Glück am Schopf zu packen' und nach Amerika zu gehen. Da sich die Phrase so vielseitig auslegen lässt, wird sie umso glaubhafter. Für jeden sich in seiner individuellen Lage befindlichen Interpreten ergibt der Satz einen anderen Sinn und der *From-Rags-to-Riches*-Mythos ist äußerst weit verbreitet: Gleichnamige

---

42 Unger 9.
43 Unger 10.
44 Unger 10.

Fernsehserien mit entsprechender Thematik erfreuen sich in den USA größter Beliebtheit; Hollywood-Filme, schier endlos das Motiv des Aufstiegs des Protagonisten zu Ruhm und Reichtum variierend, sind nicht nur in den USA Publikumsrenner; Menschen, 'die es geschafft haben', erfreuen sich kultischer Verehrung, wie der Ex-Schauspieler, Ex-Gouverneur und Wieder-Schauspieler Arnold Schwarzenegger. Dabei wird sogar nicht selten über, für andere Persönlichkeiten des öffentlichen Lebens unverzeihliche, Fehltritte wie Ehebruch hinweggesehen. Dies ist sonst unvorstellbar in der puritanisch geprägten U.S.- Gesellschaft. Schwarzenegger durfte nach seinem öffentlichen Outing als Fremdgänger weiter Filme drehen. (Dies alles betrifft auch den übersteigerten Promi- Kult in den USA, wenngleich auch dieser etwas mit der Wirkung von Mythen auf die Menschen zu tun hat.) Scheinbar ist es gerade diese Vielseitigkeit und Plattheit, die die amerikanischen Mythen so erfolgreich und ubiquitär werden lässt.

So lassen sich viele der Widersprüche innerhalb dieser riesigen, komplexen, hochbegabten und mit allen Potentialen ausgestatteten Nation durch die Verheißungen von Mythen überbrücken und unterdrücken. Solange an die amerikanischen Mythen, trotz ihrer Eigenschaft illusorisch zu sein, geglaubt wird, solange wird die Gesellschaft der USA funktionieren.

2.1.1 Die *Happy American Family*

Der erste Mythos, um den es geht, ist der der glücklichen und gesunden amerikanischen Familie – die *Happy American Family*. Bei dem Mythos handelt es sich um ein gewisses tradiertes Bild der traditionellen U.S.-Familie und ihrer spezifischen Charakteristika. Die Idee hat ihren Ursprung im Puritanismus der Gründungszeit der Vereinigten Staaten. André Hahn erklärt in *Family, Frontiers and American Dreams*: „Aufgrund der Tatsache, dass auch nach 1776 die Majorität der Bevölkerung puritanischen Glaubens war, stellte der Puritanismus die erste dominante religiöse Strömung Amerikas dar. Die Familie bedeutete eine der wichtigsten Institutionen dieser Religion."[45] Die Familie wurde von Anbeginn der USA als die 'Kernzelle Amerikas', als die kleinste gesellschaftliche Einheit der Nation gesehen.

Bezüglich der weiteren Herkunft dieses von Traditionen bestimmten Idealbilds der Familie schreibt Hilde Lindemann Nelson, dass die wichtigsten Charakteristika dieses Konzeptes aus gewichtigen Veränderungen im sozialen Leben in Westeuropa und

---

45 Hahn 33.

Nordamerika im 18. und 19. Jahrhundert stammten[46]: „In Europa setzte ein Umdenken in Bezug auf die Familie ein, welches ihr einen größeren Stellenwert einräumte".[47] In der Biedermeierzeit flüchtete man vor der rigiden Obrigkeit verstärkt in den privaten Raum. Heim und Familie wurden zu einem immens wichtigen Faktor im Leben der Menschen. Bis zum späten 19. Jahrhundert hatte sich das Bild der „engen Familienstrukturen"[48] verfestigt, speziell in den Vereinigten Staaten.[49] „Die Tradition der engen Familienstrukturen setzte sich bis ins 19. Jahrhundert fort, da während der Besiedlung des amerikanischen Westens die Bedingungen ähnlich hart waren wie während der Gründerzeit".[50] 'Enge Familienstrukturen' meint hier vor allem das Zusammenleben mehrerer Generation unter einem Dach: Während der Gründerzeit und der Besiedlung des Westens musste ob der drohenden Gefahren durch die Natur und um sich besser gegen eventuelle Angriffe der *native americans* verteidigen zu können, zusammengewohnt werden. In Zeiten der Wirtschaftskrise der 1920er Jahre mussten viele, wegen der prekären Lage ihrer ökonomischen Situation, unter einem Dach Leben. Auch war Wohnraum schlicht zu knapp.

Das 20. Jahrhundert, speziell die Zeit kurz nach dem Zweiten Weltkrieg, befeuerte das Idealbild der glücklichen Familie: Anders als beispielsweise in Deutschland, das bis zum Hals vorerst in ideologischen, finanziellen und materiellen Trümmern verschüttet lag, brach für die USA eine Periode höchster Prosperität an. Die Vereinigten Staaten hatten einen Boom im Häuserbau zu verzeichnen, der aus der Knappheit der Eigenheime[51] vor dem Krieg und nicht zuletzt wegen des Bedarfs an Wohnraum der Baby-Boomer-Generation entstand. Es gab schlicht sehr viele Menschen, die untergebracht werden mussten. Diese Menschen entwickelten Lebensentwürfe nach einem relativ neuen und sehr spezifischen Ideal des Familienlebens[52].

Die 50er Jahre des 20. Jahrhunderts bescherten dem Mythos der *Happy American Family* den Siegeszug und eine ganz spezifische, von klaren Charakteristika geprägte idealisierte Vorstellung gelangte in der Massenkultur an[53]:

46 Hilde Lindemann-Nelson. „The Myth of the Traditional Family" in *Feminism and Family*. Hg. Hilde Lindemann Nelson. (New York: Routledge, 1997) 27.
47 Hahn 33.
48 Hahn 34.
49 Lindemann-Nelson 27.
50 Hahn 34.
51 Lindemann-Nelson 27.
52 Lindemann-Nelson 28.
53 Lindemann-Nelson 27.

> „[...] und so schuf die amerikanische Mittelschicht völlig neue Strukturen, die keine Fortsetzung dessen war, was vorausgegangen war, sondern einen Bruch damit darstellte. In den neuen Riten, die sich ab der zweiten Hälfte des neunzehnten Jahrhunderts herausbildeten, war Liebe eine Voraussetzung für eine Ehe und nicht mehr die ersehnte bzw. mögliche Folge davon. [...] Die Familie wurde immer noch als ein geheiligtes Gut angesehen [...]. Die Liebe zwischen Mann und Frau und zu den gemeinsamen Kindern stand nun im Vordergrund."[54]

War in Zeiten des Aufbruchs nach Westen und in den wirtschaftskritischen Jahren der 1920er und 1930er Pragmatismus noch gefragt, Mädchen wurden oftmals wie schon in der 'alten Welt' möglichst gewinnbringend an den an Aussteuer meistbietenden Freier verschachert, wehte nun ein neuer Geist durch die Zimmer der heiratsfähigen Amerikaner. Als Hauptcharakteristikum einer Eheschließung und somit als Voraussetzung für den Erfolg einer Familiengründung kommt das Konzept der Liebe der Beteiligten zueinander ins Spiel. Weiterhin wird die Familie als ein geschützter Raum betrachtet, ein Zufluchtsort, in dem es nun nicht mehr gilt, sich gegen gewalttätige Angriffe und Naturkatastrophen zu verteidigen. Nun will man aber im Kreis der Lieben von den alltäglichen Strapazen und Anforderungen außerhalb dieses Schutzraumes ausspannen, sich behütet fühlen und Kraft für den nächsten Tag schöpfen.

Da der Einfluss der puritanischen Religion auf die in den USA bis heute dominante angelsächsische Kultur von beispielloser Wichtigkeit ist, „ist es nicht verwunderlich, dass viele der damit verbundenen Qualitäten und Moralvorstellungen teilweise noch bis in die heutige Neuzeit nichts von ihrer Gültigkeit verloren haben"[55]:

> „Die Puritaner legten Wert auf strenge Disziplin, Selbstaufgabe im Familienleben, strikte Alkoholabstinenz und hohe moralische Tugenden, da sie dies alles als Grundvoraussetzungen in einer Umgebung ansahen, in der das Überleben einen harten Kampf bedeutete und nur durch Zusammenhalt und Einhaltung der aufgestellten Regeln gewährleistet werden konnte."[56]

Diese an die *Frontier* geknüpften Eigenschaften der Familie (die *Frontier* ist selbst ein Mythos, dazu jedoch später mehr) und „die Einsicht, dass die Familie essentiell für die Bewältigung des Lebens"[57] in einer feindlichen Umgebung sei , haben sich im Laufe der Jahre und Jahrhunderte zwar leicht abgewandelt, da die Amerikaner heute nicht mehr den Bären fürchten müssen, der hinter der Holzhütte lauern könnte, die puritanisch geprägten Vorstellungen sind aber dennoch wichtige Charakteristiken der bis heute gültigen Interpretationen und Abwandlungen des Mythos.

---

54 Hahn 35.
55 Hahn 33.
56 Hahn 33.
57 Hahn 33.

Die Wahrung des Ideals „erfordert genau organisierte, konservative Strukturen."[58] So hat der Mythos der *Happy American Famiily* gewisse Eigenschaften. Das Bild, die „common conception of a 'proper' family life"[59], ist daher im Wesentlichen davon geprägt, dass eine Familie aus einem verheirateten Paar besteht, das zusammen mit den gemeinsamen Kindern unter einem Dach lebt"[60] - die „Ideal[vorstellung] des Mannes als Ernährer und seiner Gattin als Hausfrau".[61] Dabei zeigt sich, dass auch die idealisierte U.S.-Gesellschaft von patriarchalischen Vorstellungen geprägt ist - der Vater und Ehegatte steht an der Spitze der Familie[62]:

> „Die Domäne der Frau ist hingegen darin weiterhin ihr Zuhause, wo sie als Hüterin Befriedigung in liebevoller Unterstützung ihres Ehemannes und ihrer Kinder findet. [...] Selbstaufopferung ist ihr Hauptcharakteristikum, wobei sie besonderen Wert auf die Vermittlung von Anstand und Moral bei ihren Kindern legt, für die sie sich so lange verantwortlich fühlt, bis diese das Haus verlassen, um eine eigene Familie zu gründen."[63]

Hahn beschreibt die Vorstellung des Mythos auch als „amerikanische[n] Familienzirkel, bestehend aus Heirat, Errichten eines eigenen Heimes, Zeugen von Kindern und dem Großziehen dieser [...]. Sobald die Kinder erwachsen sind, sollen sie nun eine eigene Familie gründen und der Kreislauf beginnt von neuem."[64] So dient die glückliche Familie nicht nur der traditionalistischen Fortschreibung des eigenen Namens, sondern auch der Arterhaltung der Menschheit *per se*. Zudem nimmt die Frau den Familiennamen des Gatten an.[65] Das Patriarchat ist somit sowohl auf der U.S.-amerikanischen Mikroebene als auch auf der Makroebene fest verankert: ein Präsident ist das Staatsoberhaupt, ein Ehemann und Vater das Familienoberhaupt. Trotz der feministischen Bewegungen des 20. Jahrhunderts spiegelt dies bis heute noch amerikanische Realitäten und ist in den im Folgenden analysierten Romanen zum Großteil die gelebte Norm der Protagonisten.

Des Weiteren ist die Ehe eine lebenslange Verbindung und Verpflichtung der Ehepartner, der Geschlechtsakt ist ausschließlich auf die Ehe beschränkt,[66] Scheidung ist verpönt.[67] Außerehelicher oder gar vorehelicher Sex ist tabu und ist im Idealbild der *Happy American Family* lediglich als Gegenbild und Negativbeispiel

---

58 Hahn 36.
59 Steven Mintz und Susan Kellogg, *Domestic Revolutions: A Domestic History of American Family Life* (New York: The Free Press, 1988) xiii.
60 Mintz, Kellogg xiii.
61 Hahn 33.
62 Hahn 36.
63 Hahn 36.
64 Hahn 36.
65 Mintz, Kellogg xiii.
66 Mintz, Kellogg xiii.
67 „Family Values". *Critical Enquiry*. Criticalenquyry.com http://www.criticalenquiry.org/theory/society.shtml

einer verdorbenen und unchristlichen Kultur präsent. Auch Homosexualität, Abtreibung sowie häusliche Gewalt sind tabu. Unverheiratete Männer ('*confirmed bachelors*') oder Frauen ('*spinsters*') sind äußerst selten[68] und sind der Kleinstadtgemeinde, wo die glückliche Familie zu finden ist, stets suspekt.

Die Eltern tragen die ausschließliche Verantwortung für ihre Kinder, bis diese in den Kindergarten gehen können. Selbst nach dieser Zeit steht es den Eltern frei, ihre Sprösslinge nach Gutdünken zu disziplinieren und für ihre Bildung, ohne äußere Einflüsse, selber zu sorgen.[69] Familien, die nicht nach diesen konformistischen Ansätzen leben, werden als Außenseiter betrachtet und gelten als 'troubled-' oder 'problem families'[70].

Auch die Vorstellung, dass jeder seine Nachbarn kennt[71], spielt eine wichtige Rolle, helfen sich diese sich in freundschaftlichem Verhältnis zueinander befindlichen Familien doch stets untereinander. In der Kleinstadt spiegelt sich der Zusammenhalt des Landes wider und der Kitt, der Familie und Nachbarschaft zusammenhält, bindet auch auf den jeweils höheren Ebenen Gemeinde, County, Bundesstaat, Nation.

Einen weiteren wichtigen Platz im Mikrokosmos der glücklichen amerikanischen Familie nimmt die Religion ein: Am besten alle Familienmitglieder besuchen zumindest einmal wöchentlich eine Art christlicher Kirche[72]. Hier finden sich alle Familienangehörigen zusammen, präsentieren sich der gesamten Gemeinde und treffen die anderen Familien aus der Nachbarschaft. Der sonntägliche Kirchgang hat die Funktion der sozialen Überwachung der Gemeindemitglieder: Verhält sich ein Mitglied entgegen den Regeln oder kommt erst gar nicht zum Gottesdienst, 'schrillen die Alarmglocken' – die Gemeinde weiß, etwas liegt im Argen.

Das Ideal der *Happy American Family* ist ausgesprochen traditionalistisch geprägt: „Jede nachfolgende Generation schützte und vermehrte das mühsam gewonnene Gut der Familie.[73] Eine der wichtigsten Aufgaben in der (Groß-)Familie ist somit die Wahrung des gemeinsamen Vermögens. Die damit verbundene ökonomische Komponente der Familie ist gleichzeitig Teil des Mythos des *American Dream* und eine Instanz, die großen Anteil an seiner Tradierung hat[74], erklärt Jochen Baier.

---

68 „Family Values"
69 Mintz, Kellogg xiii.
70 Mintz, Kellogg xiii.
71 „Family Values".
72 „Family Values".
73 Hahn 34.
74 Jochen Baier. *The Long Delayed But Always Expected Something: Der 'American Dream' in den Dramen von Tennessee Williams*, in Studien zur anglistischen Literatur- und Sprachwissenschaft, Band 14 (Trier: Wissenschaftlicher Verlag Trier, 2001) S. 23.

So wie der *American Dream* und der *Frontier*-Mythos ist auch der Mythos der *Happy American Family* heute noch von größter Bedeutung. Genau wie es für die Amerikaner immer wieder neue *Frontiers* gibt, neue, anfänglich feindliche Lebensräume, die es gilt zu amerikanisieren und zu demokratisieren, zum Beispiel die von John F. Kennedy formulierte *New Frontier*[75], ist auch der Mythos der glücklichen, gesunden und netten amerikanische Familie nicht *ad acta* gelegt. Auch zeigt die Verquickung von *American Dream* und der *Happy American Family* die überaus enge Verbindung und regelmäßige Überschneidung der amerikanischen Mythen.

Die idealisierte Vorstellung der *Happy American Family* findet ausreichend Tradierung, oft in leichter Abwandlung, durch zahlreiche Medien des U.S.-amerikanischen Kulturbetriebs: Beispielsweise in bis heute zahlreichen Fernsehserien (*Die Waltons, Happy Days, McLeod's Töchter, Desperate Housewives, etc.*) und Filmen (*Air Force One,* die *Ice Age*-Reihe, *Der König der Löwen*) sowie in den im folgenden analysierten Romanen.

2.1.1.1 *Der große Gatsby:* Die Bilderbuchfamilie

Stellt man sich nun obiges Idealbild der glücklichen amerikanischen Familie vor, kommt schnell eine Fotografie in den Sinn: ein Mann, eine Frau, ein Kind, wie sie lächelnd dem Betrachter entgegenblicken – die Bilderbuchfamilie. Als solche könnte man die Buchanans in *Der große Gatsby* bezeichnen.

Tom und Daisy Buchanan bilden mit ihrer kleinen Tochter die klassische Konstellation der jungen Familie: Vater – Mutter – Kind. Tom fungiert als Ernährer von Frau und Kind, er ist reich von Geburt an und Daisy, die aus weniger begütertem Hause stammt, wird von ihm versorgt:

> „Seine Familie war unermesslich reich. Sogar auf dem College war er durch seine protzige Geldverschwendung unangenehm aufgefallen. Nun war er aus Chicago hierher in den Osten übergesiedelt, und das in einem Stil, dass einem vor Staunen die Luft wegblieb."[76]

Die Buchanans sind zwar nicht die klassische *Happy American Family* der 1950er Jahre, da der Roman in den 1920er Jahren geschrieben wurde, also vor dem Aufkommen des Ideals. Auch ist ihr Leben nicht auf das Streben nach Wohlstand hin ausgerichtet, denn sie sind, durch die vermögende Familie des Ehemannes, bereits reich. Tom ist daher auch nicht der Ernährer im klassischen Sinn, der für seinen und

---

75 Hebel 323.
76 F. Scott Fitzgerald, Der große Gatsby (München: Süddeutscher Verlag, 2004) 16.

den Lebensunterhalt seiner Familie arbeiten muss. Dennoch passen sie in das Schema der glücklichen amerikanischen Familie.

Das Bild hängt jedoch von Anbeginn des Romans schief und hier findet sich die Destruktion des Mythos. Denn Tom und Daisy befinden sich laufend im Streit miteinander, ein aggressiver Unterton beherrscht zeitweise gänzlich ihre Kommunikation:

> „Seht doch!" klagte sie. „Verletzt." Wir sahen ihn uns an – der Knöchel war grün und blau. „'Das warst du, Tom', sagte sie vorwurfsvoll. 'Nicht mit Absicht, ich weiß, aber du warst es. Das hat man davon, wenn man so einen ungeschlachten Kerl von Mann heiratet, so ein großes massiges, brutales Exemplar von - ' 'Ich kann das Wort brutal nicht leiden', entgegnete Tom scharf, 'auch nicht im Scherz.' 'Brutal', beharrte Daisy."[77]

Im weiteren Verlauf der Passage gibt es noch mehrere dieser spitzfindigen Kommentare und offenen Attacken der Eheleute gegeneinander.

Oben angeführte Passage ist nicht nur ein Beispiel für den Ehezwist, den die beiden miteinander haben. Der verletzte Knöchel könnte auch dahingehend interpretiert werden, dass bei den Buchanans häusliche Gewalt ein Thema ist, die es in einer 'glücklichen Familie' nicht geben darf. Auch wenn Daisy beteuert, Tom habe ihr die Verletzungen unabsichtlich zugefügt, bleibt der Verdacht, verstärkt durch die Streitereien der Beiden und das 'brutale' und „gewaltig[e]"[78] Wesen Toms. Weitere Erwähnungen, die darauf schließen ließen, Tom sei seiner Frau gegenüber gewalttätig, finden sich im Roman jedoch nicht.

Auch andere Indizien dafür, dass der Haussegen schief hängt, gibt es. Tom hat „'da so eine Frau in New York'"[79], also eine Geliebte, wie Jordan Baker, Daisys Freundin, dem Erzähler verrät. Dies ist sehr wahrscheinlich auch der Grund für die Zankereien zwischen den Ehepartnern. Hier erhält das Bild der idealisierten Familie zum ersten Mal deutliche Risse. Die Problematik des Ehebruchs wird nicht nur angedeutet, wie die häusliche Gewalt, sondern tatsächlich beim Namen genannt.

Am auffälligsten dem Ideal widersprechend ist jedoch die Oberflächlichkeit mit der Tom und Daisy ihre Tochter Pammy behandeln und die Verantwortung für diese von sich weisen. Zwischen dem gesellschaftlichen Jet-Set-Leben im *Jazz-Age* mit Partys, Ehebruch und Flirtereien, scheint ihnen die Erziehung ihres Kindes, wenn überhaupt, Nebensache zu sein.

---

77 Fitzgerald 18.
78 Fitzgerald 18.
79 Fitzgerald 21.

Dies beweisen zum Einen die wenigen Passagen, in denen das Kind überhaupt Erwähnung findet, diesen gegenüber aber eine erkleckliche Anzahl anderer Passagen steht, in welchen die Eltern ohne ihren Sprössling auftreten, auch tagsüber, wenn das Kind nicht schlafen müsste. Daraus lässt sich schließen, dass die Eltern mit ihrer Tochter kaum Zeit verbringen wollen. Dies verdeutlicht folgende Passage: „Dann fuhr sie [Daisy] beiläufig fort: 'Du müsstest die Kleine sehen.' 'Gern.'[, antwortet der Erzähler] 'Sie schläft gerade. Sie ist jetzt drei Jahre. Hast du sie eigentlich schon mal gesehen?' 'Nein, nie.'"[80] Allein die genannte Beiläufigkeit, mit der die junge Mutter von ihrem Kind spricht, ist verwunderlich. Im Konzept der *Happy American Family* sind Kinder ein Quell der Freude und des Glücks. Daisy hingegen scheint kaum einen Gedanken an ihr Kind zu verschwenden.

Folgende Passage einige Seiten weiter gibt noch mehr Aufschluss über das Verhältnis der Eltern zu ihrem Kind:

> „Nach einer kleinen Pause kam ich etwas zaghaft wieder auf ihr Töchterchen zurück. 'Wahrscheinlich spricht sie schon und – isst und so weiter.' 'O ja', sie sah mich geistesabwesend an. 'Hör zu, Nick. Willst du hören, was ich sagte, als sie geboren war?' 'Ja, gern.' 'Du kannst daraus sehen, wie ich inzwischen über die Dinge denke. Sie war knapp eine Stunde auf der Welt, und Tom war Gott weiß wo. Ich wachte mit einem Gefühl unendlicher Verlassenheit aus dem Ätherrausch auf. Sogleich fragte ich die Schwester, ob es ein Junge oder ein Mädchen sei. Sie sagte, es sei ein Mädchen. Da kehrte ich mein Gesicht zur Wand und weinte. >Auch gut<, sagte ich, >ich will froh sein, dass es ein Mädchen ist. Hoffentlich ist sie eine Närrin – das ist noch das beste für ein Mädchen auf dieser Welt, eine entzückende kleine Närrin.< Du siehst ich finde alles irgendwie grässlich' fuhr sie in überzeugtem Tone fort. [...] Sobald sie verstummt war und ihre Stimme mich nicht mehr fesselte und überzeugte, empfand ich, wie unaufrichtig im Grunde alles war, was sie gesagt hatte."[81]

Auf die Frage des Erzählers Nick Carraway nach dem Kind geht es nicht um das Töchterchen, sondern lediglich um die Mutter selbst. Das Kind scheint es nicht wert zu sein, als eine vollständige Person behandelt zu werden. Daisys von Nick unterstellte Unaufrichtigkeit veranschaulicht, wie die Eltern, in dieser speziellen Passage Daisy, das Kind lediglich für selbstdarstellerische Zwecke benützen und ihrem Bedürfnis folgen, sich selbst vor der Welt zu erklären: Daisy nutzt die Gelegenheit der Frage nach dem Kind, um Carraway von ihrem Weltschmerz zu klagen. Es klagt eine Frau, die durch ihren vermögenden Mann und ihr Geschlecht von den Unbilden der Wirtschaftskrise und des Kriegs gänzlich verschont bleibt. Der Leser erhält den starken Eindruck, durch Daisys Nonchalance noch verstärkt, dass es zu dieser Zeit einfach *en vogue* ist, 'alles irgendwie grässlich zu finden'.

---

80 Fitzgerald 16.
81 Fitzgerald 22 f.

Die Passage zeigt noch etwas anderes: nämlich wie unwichtig dem Vater sein Kind ist. Beim Aufwachen seiner Frau und Mutter seines Kindes aus dem Schlaf nach der Entbindung ist er nicht anwesend, mit ihren Worten 'weiß Gott wo'. Ein interessierter und liebender Ehemann und Vater wäre wohl am Bett der Gattin geblieben oder hätte sie zumindest wissen lassen, wo er sich befinde. So interessiert sich auch Tom nicht sonderlich für seine Tochter.

Weiteren Aufschluss gibt der erste von zwei tatsächlichen Auftritten der kleinen Pammy:

> „Dann fiel ihr [Daisy] die Hitze ein, und sie setzte sich schuldbewusst auf die Couch gerade in dem Augenblick, als eine frischgeplättete Nurse ins Zimmer trat, die ein kleines Mädchen an der Hand führte. 'Mein herziger kleiner Schatz', girrte Daisy und breitete die Arme aus. 'Komm zu deiner Mutti, die dich lieb hat.' Das Kind, von der Nurse freigelassen, lief quer durchs Zimmer und drückte sich scheu an das mütterliche Gewand. [...] Gatsby und ich, einer nach dem anderen, beugten uns herab und ergriffen die kleine widerstrebende Hand. Gatsby sah das Kind noch lange überrascht an. Ich glaube, er hatte bis dahin die Existenz dieses Kindes überhaupt nicht für möglich gehalten. 'Ich bin extra zum Lunch angezogen worden', sagte das Kind und wandte sich eifrig Daisy zu. 'Ja, weil deine Mutter mit dir Staat machen wollte.'Mein Traum, du. Du einziger kleiner Traum.' [...] Daisy lehnte sich auf der Couch zurück. Die Nurse tat einen Schritt vorwärts und streckte die Hand aus. 'Komm, Pammy.' 'Good bye, Liebling!' Leicht widerstrebend und mit einem Blick zu uns zurück, ließ das wohlerzogene Kind sich bei der Hand nehmen und wurde zur Tür hinausgezerrt, gerade als Tom zurückkam, in seinem Gefolge vier Gläser mit Gin und viel Eis.“[82]

Unterzieht man diese Passage einer eingehenden Analyse, lassen sich noch wesentlich mehr Rückschlüsse auf die Eltern-Tochter-Beziehung ziehen. Das Mädchen ist nahezu ständig bei einem Kindermädchen, der 'Nurse'. Dies beweist dieser Auftritt Pammys nicht nur, er bestätigt bereits in seiner Kürze, es können nicht mehr als fünf Minuten erzählte Zeit sein, oben genannte Thesen von der Gleichgültigkeit der Eltern der Tochter gegenüber. Sofort wird das Kind wieder, ähnlich einem Strafgefangenen, wieder 'hinausgezerrt'.

Auch die oberflächlichen Redewendungen und Zuneigungsbezeugungen mit denen das Kind von der Mutter bedacht wird, zeigen eher, wie fremd und nicht, wie vertraut sich Mutter und Tochter sind ('Mein herziger kleiner Schatz'). Dies wird noch bestätigt, wenn die Tochter sich 'scheu an das mütterliche Gewand' drückt. Ob die, wegen der Anwesenheit der Gäste oder weil sie die Mutter so selten sieht, Tochter Scheue zeigt, dafür gibt es keine weiteren Aufschlüsse. Dass die Mutter ihr jedoch nicht wesentlich vertrauter ist als die anwesenden Gäste, bleibt letztendlich nicht von der Hand zu weisen, der Auftritt erinnert mehr an den eines besonderen Haustieres als an den eines geliebten Kindes.

---

82 Fitzgerald 120 f.

Auch das Liebesgeständnis Daisys an die Kleine ist zweifelhaft, macht sie doch Gatsby ein ähnliches, welches nicht ernst gemeint ist (dazu später mehr): „Sie zog sein Gesicht zu sich herab und küsste ihn auf den Mund. 'Sie wissen, dass ich nur Sie liebe,' sagte sie leise."[83]. Entgegen dieser Aussage steht: 'Komm zu deiner Mutti, die dich lieb hat'. Weiß man nun, dass Daisy Gatsby nicht erhört, sie ihn also nicht wirklich liebt, wirkt auch die Aussage von der Liebe zu ihrem Kind gekünstelt.

Die Überraschung Gatsbys ob der Existenz des Kindes zeigt, dass Daisy auf ihn nicht den Eindruck macht, eine Mutter zu sein. Zumindest keine 'mit Leib und Seele'. Vielmehr scheint Daisy sich alle Optionen in Sachen gesellschaftliches Leben, Liebe und Familie offen halten zu wollen und in der Öffentlichkeit nicht als Mutter zu erscheinen, wenn es ihren Absichten nicht dienlich ist. Dafür spricht wieder, dass sie nahezu nie über ihre Tochter spricht.

Der Ausspruch Daisys 'Weil deine Mutter mit dir Staat machen wollte' ist so auch charakteristisch für das ganze Verhältnis der Eltern zum Kind: Erst das Kind, jedoch nicht der lebende, fühlende Mensch mit all seinen Facetten, sondern die Tatsache, dass überhaupt ein Kind da ist, macht die Buchanans zur von den Ehepartnern ersehnten Bilderbuchfamilie. Einer solchen anzugehören ist nötig, offensichtlich bereits in den 1920er Jahren, um auch auf privater Ebene den Anschein von Perfektion zu geben.

Dass Tom den Raum erst wieder betritt, als die Tochter von der Nurse bereits wieder 'hinausgezerrt' wurde, kann Zufall sein. Der Vorfall ist jedoch ein weiteres Beispiel für das scheinbar charakteristischste Merkmal im Verhältnis zur Tochter: Wie bei Pammys Geburt glänzt Tom auch bei deren Auftritt durch Abwesenheit; Dass er sich dann mit keiner Silbe nach ihr erkundigt, veranschaulicht, dass auch er kein sonderlich inniges Verhältnis zu seinem Kind pflegt und das glatte Gegenteil eines fürsorglichen und liebevollen Vaters ist.

Aber die metaphorische Fotografie der Buchanans zeigt nicht nur hinsichtlich der Liebe und des Interesses der Eltern zu ihrem Kind Risse. Auch Daisys amouröse 'Episode' mit Gatsby ist sehr aussagekräftig.

Gatsby hat sein ganzes gegenwärtiges Sein daraufhin konzipiert, die Liebe seiner Jugend zurück zu erobern. Zunächst scheint es, als ob sie seine Liebe erwidern würde, denn auch er ist ihre Jugendliebe: „Sie waren so ineinander verschossen, dass sie mich erst bemerkte, als ich auf zwei Meter heran war. [...] Dieser Offizier

---

83 Fitzgerald 120.

hieß Jay Gatsby"[84], erzählt Jordan Baker vergangene Ereignisse. Im Verlauf des Buches zeigt sich, dass die Begehrte dem 'großen Gatsby' immer noch nicht abgeneigt ist, ihm sogar sagt, dass sie ihn liebt, wie bereits angeführt. Am Ende jedoch bleibt Daisy bei Tom, trotzdem sie Gatsby vorgeblich liebt:

> „Daisy und Tom saßen am Küchentisch einander gegenüber, zwischen sich ein Platte mit kaltem Geflügel und zwei Flaschen Ale. Er sprach über den Tisch hinweg eindringlich auf sie ein, und im Eifer des Gesprächs war seine Hand herabgefallen und hatte sich über ihre gelegt. Hin und wieder blickte sie zu ihm auf und nickte wie im Einverständnis mit ihm.
> Sie machten keinen glücklichen Eindruck – keiner von beiden hatte das Essen oder das Bier angerührt - und doch schienen sie auch nicht unglücklich zu sein. Sie boten unverkennbar das Bild einer natürlichen Vertrautheit miteinander, und wer sie so sah, hätte geschworen, dass sie gemeinsam etwas ausheckten."[85]

So sitzen die beiden am Küchentisch und führen ein Krisengespräch wegen Daisys Flirt mit Gatsby. Zwischen ihnen die 'kalte Platte' als Versinnbildlichung ihrer erkalteten Liebesbeziehung, in der keiner der Beiden wirklich glücklich ist. Trotz der Halbherzigkeit ihrer Gefühle bleiben Tom und Daisy ein Paar. Denn eine Trennung oder gar eine Scheidung der beiden würde das Ideal zerstören. Es würde das Bild, das sie voneinander haben und selbstverständlich auch jenes, welches die Gesellschaft von ihnen hat, das Bild welches die puritanische Idealvorstellung für den Erfolg auf privater Ebene als zwingend vorschreibt, und das im Mittelwesten, woher Beide stammen, besonders wichtig ist, um den schönen Schein zu wahren, demontieren. Der Verlust von Ehepartner, Haus und Kind, welcher mit einer Trennung einhergeht, würde das 'Weihnachtskartenmotiv' der Buchanans zerstören. So spielen Schein, Heuchelei und der selbstdarstellerische Zweck eine größere Rolle als Liebe zwischen den einzelnen Familienmitgliedern: Daisy würde durch eine Scheidung den reichen und dadurch hochangesehenen, vom amerikanischen Geldadel abstammenden Tom verlieren, eine bessere Partie gäbe es mit Gatsby, dem Schnapsschmuggler, keinesfalls zu machen; Tom hingegen würde seine *prom queen*, die Frau, für die „'den ganzen Tag [...] die jungen Offiziere von Camp Taylor am Telefon [hingen] und sich aufgeregt um die Gunst, sie am Abend ausführen zu dürfen [bemühten]'"[86] verlieren. So ist die Beziehung zwischen Tom und Daisy eher eine Zweckgemeinschaft als eine Ehe, die sich auf Liebe gründet.

Das dem Titel dieses Kapitels Namen gebende Wort 'Bilderbuchfamilie' ist hier dann auch in einem abgewandelten Sinn zu verstehen. Steht es sonst für etwas Vorbildliches und Makelloses, soll der Ausdruck hier auf die Oberflächlichkeit und

---

84 Fitzgerald 79.
85 Fitzgerald 149.
86 Fitzgerald 79.

Utopie des Mythos von der glücklichen Familie deuten. Die Buchanans scheinen allein aus einem Grund eine Familie zu sein: um sich auf eingangs erwähnter Fotografie, die in ein Fotoalbum oder Bilderbuch geklebt werden kann, als eine glückliche amerikanische Familie präsentieren zu können. Nicht um ein glückliches Leben miteinander zu verbringen. Ihre Unaufrichtigkeit miteinander, die Oberflächlichkeit in der Beziehung zueinander und zur kleinen Tochter zudem ihre Lieblosigkeit untereinander zeigen, dass das Konzept der *Happy American Family* in *Der große Gatsby* dahingehend einer Demontage unterzogen wird, dass es kaum den hehren Idealen dient, sondern lediglich für andere, egoistische Zwecke genutzt wird. Aufrichtigkeit, Ehrlichkeit und Liebe, einen 'sicheren Hafen' für die einzelnen Familienmitglieder, Selbstaufgabe im Familienleben und die hohen moralischen Tugenden – die Grundcharakteristika der *Happy American Family* - sucht man in der Darstellung der Familie Buchanan vergebens.

2.1.1.2 *Amerikanisches Idyll*: Die Kernzelle als Keimzelle des Terrors

Amerikanisches Idyll von Philip Roth ist die Chronik einer jüdisch-amerikanischen Familie des 20. Jahrhunderts. Die Familie Levov besteht aus einer Großeltern-, Eltern- und Kindergeneration. Der Roman wird retrospektivisch aus dem Jahr 1995 erzählt und schließt dabei die Zeitperiode von den 1940ern bis zu den 1980ern ein. Den erzählerischen Hauptstrang bilden die Ereignisse um Seymour 'der Schwede' Levov und seiner Kleinfamilie, bestehend aus ihm selbst, seiner Ehefrau Dawn und der gemeinsamen Tochter Merry. Dieser Hauptstrang wird vom Erzähler und Roths alter Ego Nathan Zuckerman teilweise aus den Erzählungen seines Jugendfreundes Jerry Levov, der gleichzeitig der Bruder des Schweden ist, rekonstruiert. Was dieser auslässt wird von Zuckerman imaginiert („alles weitere würde ich mir ausdenken müssen"87). Dieses Imaginieren schmälert keinesfalls die Glaubwürdigkeit der Narration (schließlich ist der gesamte Roman von Roth selbst imaginiert).

Hat sich die Darstellung der Familie in *Der große Gatsby* noch darauf beschränkt, von Beginn an den Mythos der glücklichen amerikanischen Familie als geheuchelt und trügerisch darzustellen, findet die Demontage in *Amerikanisches Idyll* dahingehend statt, dass das als ideal erscheinende Leben der scheinbar glücklichen Familie Levov eine brutale Zerstörung findet.

Die Protagonisten bauen sich ihr (Familien-)Leben zunächst behutsam auf. Dies nimmt mit der Großelterngeneration seinen Anfang: „Mrs. Levov [die Mutter des

---

87 Roth 206 f.

Schweden] war [...] eine ordnungsliebende Hausfrau mit tadellosen Manieren, [...], eine der vielen Frauen jener Zeit, die nie davon träumten, von den großartigen Pflichten der Haushaltsführung und Kindererziehung befreit zu werden."[88] „Mr. Levov [ihr Mann] [war] ein Vater, für den alles unumstößliche Pflicht ist, für den es einen richtigen Weg und einen falschen Weg gibt und dazwischen nichts".[89] Lou Levov hat es mit der Herstellung von Damenhandschuhen zu Reichtum"[90] gebracht und ist „mit vierzehn von der Schule abgegangen, um durch Arbeit in der Gerberei zum Lebensunterhalt der neunköpfigen Familie beizutragen"[91]. Er ist somit der durch und durch von Pflichtbewusstsein und Familiensinn geprägte Patriarch und Ernährer der Familie. Bis der Schwede diese Rolle übernimmt. Wie Lou Levov von seinem Vater im Geschäft der Handschuhmacherei geschult wird, schult Lou wiederum seinen Sohn. Er gibt sein Wissen über den Dollarerwerb an seinen Nachkommen weiter. Hier werden die puritanischen Ideale sowohl in der Darstellung des Vaters als pflichtbewusster Ernährer als auch in der der Mutter als treusorgende Hausfrau bemüht. Die Eltern leben ihrem Kind die Tradition vor, der Sohn fügt sich nahtlos ein.

Dieser Sohn trägt den vollständigen Namen Seymour Irving Levov, wird von seinen Zeitgenossen aber nur „Schwede"[92] genannt. Der Schwede wird dem Leser als eine Art 'Lichtgestalt' charakterisiert. Für seine Nachbarschaft ist er ein amerikanischer Held, der Tom Buchanan aus *Der große Gatsby* in seiner Eigenschaft als Sportstar nicht unähnlich ist: „Der Schwede glänzte als Außenstürmer im Football, als Center im Basketball und als First Baseman im Baseball."[93] Unter anderem diese Glanzleistungen in allen drei großen amerikanischen Sportarten (die wiederum Diskursfelder zahlreicher Mythen sind) machen den Schweden, was eher ungewöhnlich ist für einen Sohn jüdischer Einwanderer, zum *All American Guy*. Er wird durch sein angelsächsisches Aussehen (siehe nächste Romanpassage) und seine sportlichen Leistungen zum Idealbild des amerikanischen Mannes und in den Augen seiner Nachbarschaft zu einer Verkörperung der *'americanness' per se*:

> „Der Schwede. Das war in den Kriegsjahren, als ich noch zur Grundschule ging, in unserem Viertel in Newark ein magischer Name, auch für Erwachsene, die nur eine Generation von dem alten Prince-Street-Ghetto entfernt und noch nicht so lupenrein amerikanisiert waren, dass sie vor den Leistungen eines High-School-Sportlers auf die Knie gefallen wären. Der Name war magisch; ebenso das ungewöhnliche Gesicht. Keiner der wenigen eher hellhäutigen Schüler an unserer

---

88 Philip Roth, Amerikanisches Idyll (Reinbeck bei Hamburg: Rowohlt Taschenbuch Verlag, 2000) 19.
89 Roth 20.
90 Roth 20.
91 Roth 21.
92 Roth 9.
93 Roth 9.

vorwiegend von Juden besuchten staatlichen High School besaß auch nur entfernt so etwas wie die steinerne Wikingermaske dieses blauäugigen Blonden mit dem forschen Kinn, der als Seymour Irving Levov in unseren Stamm geboren war."[94]

Mit dem Schweden findet das metaphorische 'Weihnachtsgrußkartenmotiv', das hier wieder aufgegriffen werden kann, seinen Höhepunkt. Auch der Schwede heiratet, wie Buchanan, eine *prom queen,* ein *All American Girl*: „Mary Dawn Dwyer, [...] 'die ehemalige Miss New Jersey 1949'"[95]. Diese hat noch dazu irische Wurzeln, sie ist so zwar noch nicht ganz *white anglo-saxon protestant*, aber doch angelsächsischer als ein Jude - durch die Heirat passt sich der Schwede weiter an das Ideal der USA an.

Aus dem ehemaligen Sportstar wird ein Unternehmer. Wie sein Vater ist auch der Schwede von seinem Pflichtgefühl geleitet. Er lehnt es ab, professioneller Footballspieler zu werden und übernimmt stattdessen die mittelständische Handschuhfabrik von Lou Levov. Aus ihm und seiner ehemaligen Schönheitskönigin entsteht das amerikanische Paar *par excellence*.

Klassisch übernimmt Dawn die Rolle der Hausfrau während Seymour die des Ernährers einnimmt. Das Ehepaar zieht aus der Großstadt Newark in ein kleines Dorf mit Namen *Old Rimrock* und führt dabei die uramerikanisch-pastorale Tradition der Stadtflucht und der Rassengrenzen überschreitenden Familiengründung in einem agrarischen Utopia[96] fort: „Sie ist Postkatholikin, er ist Postjude, zusammen ziehen sie nach Old Rimrock, um kleine Postpaketchen großzuziehen"[97], scherzt Jerry (der mit dieser Aussage auch einen Seitenhieb auf das Unglück von Seymour und Dawn macht). Um das Glück der jungen Familie perfekt zu machen, wird Meredith 'Merry' Levov geboren. Wieder einmal ist es die Konstellation Vater – Mutter – Tochter. Alles scheint perfekt mit der Geburt von Merry, „die das vervollkommnete Bild seiner selbst [des Schweden] hatte werden sollen, so wie er das vervollkommnete Bild seines Vaters gewesen war und sein Vater das vervollkommnete Bild von seines Vaters Vater [...]"[98].

Die Idylle, in der die Familie lebt scheint makellos, die Demontage kommt aber umso brutaler: In Form des Wunschkindes Merry. Diese hat „nicht das geringste Interesse [daran], das nächste erfolgreiche Mitglied der Familie Levov zu sein"[99]. Sie ist stattdessen die „Tochter, die ihn [ihren Vater] aus dem ersehnten amerikanischen Idyll in etwas hineinstürzt, das dessen Gegensatz und Gegner ist, in die Raserei, die

---

94 Roth 9.
95 Roth 109.
96 „Family Values".
97 Roth 105.
98 Roth 123.
99 Roth 123.

Brutalität und Verzweiflung der Gegenidylle – in den typisch amerikanischen Amoklauf.“[100]

Es beginnt damit, dass die glückliche, gesunde, amerikanische Familie eines nicht mehr ist: gesund. Merry hat ein psychisches Leiden. „Sie hat gestottert, musst du wissen“[101], erzählt Jerry Zuckerman weiter. Die Eltern sind ratlos, unterstützen die Tochter in ihren Bemühungen das Stottern loszuwerden. Es mangelt in der Familie keineswegs an Liebe zwischen ihren Mitgliedern, die Bemühungen des Schweden gehen sogar so weit, dass man von einer vom Ideal geforderten 'Selbstaufgabe im Familienleben' sprechen kann: Sprachtherapien, marternde Reflexionen über eigene Fehler, grenzenlose Geduld mit Merrys stockendem Redefluss – der Schwede versucht „wie besessen den Ursprung ihrer Leiden zu ergründen“ und ihr zu helfen. Ohne Erfolg.

Das Stottern ist jedoch lediglich der Anfang vom Ende der 'amerikanischen Idylle'. Immer mehr entfernt Merry sich aus dem *American Pastoral*, wie der Titel im Original lautet:

> „Merrys zweite große Liebe in diesem Jahr, neben ihrem Vater, war Audrey Hepburn. Vor Audrey Hepburn war es die Astronomie, und vor der Astronomie war es die Landjugend gewesen; zwischenzeitlich hatte sie überdies, für ihren Vater [ein Jude] ein wenig beunruhigend, eine katholische Phase.
> [...]
> Sie war eine Perfektionistin, die mit Hingabe handelte und ganz und gar in einer neuen Leidenschaft aufging, und dann war die Leidenschaft plötzlich erschöpft, und sie packte alles, einschließlich der Leidenschaft selbst, in eine Kiste und wandte sich etwas anderem zu.“[102]

Nach dem Stottern ist dies die zweite Phase, die Merry von ihren vorbildlichen Eltern, besonders ihrem Vater, und dessen Idealen wegtreibt. Die idolatorische Verehrung einer Filmschauspielerin mag ja für einen Amerikaner noch angehen, aber ein Faible für Katholizismus ist dem Schweden als Juden nicht angenehm. Er ist immer darauf bedacht, alles richtig zu machen und will seine Eltern nicht kränken: „Ruhig erklärte er ihr, [...] Oma und Opa Levov seien nun einmal Juden, genau wie er selbst, und [...] jedenfalls sei es bei Juden nicht üblich usw. usw.“[103]

Die Perfektion, mit der Meredith ihre Leidenschaften betreibt, ist anfänglich eine harmlose Abweichung von der von ihren Eltern vorgegebenen und vorgelebten Norm. Im Lauf ihres Lebens jedoch gerät sie mehr und mehr ab vom Kurs ihrer Familie und driftet immer weiter in Richtung der 'Brutalität und Verzweiflung der

---

100 Roth 123 f.
101 Roth 106.
102 Roth 134 f.
103 Roth 135.

Gegenidylle': „Was so harmlos mit ihrer Identifikation mit Audrey Hepburn angefangen hatte, hatte sich in nur einem Jahrzehnt zu diesem exotischen Mythos der Selbstlosigkeit ausgewachsen."[104] Merry, mit der ihr eigenen Perfektion, verfällt als letztes dem Kult des Jainismus und wird von der kleinen, etwas stotternden Tochter zu „*dieser* Merry, dieser verschleierten, friedlichen, schmutzigen, unendlich mitfühlenden Merry, dieser zerlumpten Vogelscheuche Merry"[105]. Der Jainismus bedeutet für Merry letztendlich den freiwilligen Selbstmord.

Für den Schweden ist seine Tochter ein Rätsel:

> „Immer etwas pompös Unwirkliches, das Abseitigste und Verstiegenste, was gerade zu haben war – alles, nur keine Selbstliebe, nur das nicht, niemals. Der Verlogene, unmenschliche Horror all dieser Selbstlosigkeit [des Jainismus, der es wortwörtlich verbietet, keiner Fliege etwas zu Leide zu tun; Sie putzt sich nicht mehr die Zähne, trägt dauerhaft einen Schleier, etc.]"[106]

Dieser letzte Spleen Merrys kann letztlich als apologetischer Akt für ihre Taten gedeutet werden, mit denen sie ihre Familie ins Unglück gestürzt hat.

Das Bild der glücklichen amerikanischen Familie Levov vergilbt jedoch nicht nur und bekommt Risse. Merry entfernt sich immer weiter von ihrer Familie und wird zur „wütenden fetten Merry, die stotternd kommunistische Phrasen"[107] ausspeit. Sie ist das komplette Gegenbild nicht nur ihres Vaters, sondern auch ihrer Mutter. Im Gegensatz zu Dawn Dwyer ist sie bereits in ihrer Jugend übergewichtig und legt kaum Wert auf Körperpflege. Es besteht also keinesfalls die Chance, dass Merry jemals eine Schönheitskönigin wie ihre Mutter wird; Intentionen zu heiraten und Hausfrau zu werden, zeigt sie auch nicht; Zudem wird Merry zunehmend, zum Leidwesen ihres Vaters, vom Kommunismus bzw. von dessen in den 1960ern populären popkulturellen Abwandlungen beeinflusst.

Der endgültige Bruch mit der Familie ist dann zeitgleich der Höhepunkt ihrer Abwendung von und der Versuche der Zerstörung der amerikanischen Idylle:

> „[Sie] zog eines Tages los und sprengte das Postamt in die Luft, und mit ihm Dr. Fred Conlon und den Dorfladen, ein kleines Holzgebäude mit einem schwarzen Brett neben dem Eingang und einer alten Sunoco-Zapfsäule und der Fahnenstange, an der Russ Hamlin – der zusammen mit seiner Frau den Laden und die Poststelle führte – jeden Morgen, seit Warren Gamaliel Harding Präsident der Vereinigten Staaten gewesen war, die amerikanische Flagge gehisst hatte."[108]

---

104 Roth 333.
105 Roth 332.
106 Roth 333.
107 Roth 332.
108 Roth 161.

36

Das beschauliche Old Rimrock sowie der Traum des Schweden von der glücklichen Kleinfamilie im pastoralen Örtchen wird durch Merrys Bombe und den dadurch erfolgenden Mord buchstäblich in die Luft gesprengt. Aus dem Traum wird ein Alptraum.

Merry flieht in den Untergrund und begeht weitere Attentate. Ein wichtiges Glied der traditionellen *Happy American Family* ist auf dem Weihnachtskartenmotiv absent. Somit ist dieses wertlos. Die Familie, die es geschafft hat, über drei Generationen eine erfolgreiche Familie („auf die ganz normale Weise [...], ganz so, wie es sich für [...] echte[...] Amerikaner gehört"[109]) zu sein, die es geschafft hat, ihren Namen sowie ihre gewerbliche Tradition weiterzugeben und zur 'Arterhaltung der Menschheit' und Weiterbevölkerung der USA beizutragen, verwandelt sich vom Musterbeispiel der *Happy American Family* zum 'amerikanischen Albtraum'. Trotz der Liebe, die in dieser Familie herrscht und trotz der Tatsache, dass selbst die Ehe der Eltern auf Liebe gegründet ist, geht der von den restlichen Familienangehörigen geträumte Traum vom gemeinsamen Glück nicht in Erfüllung.

Der von Arbeitsmoral, Anstand, Verlässlichkeit und Anpassung an das Wasp-Ideal geprägte Levov-Clan zerbricht. Seymour und Dawn gehen beide ein außereheliches Verhältnis ein und lassen sich schließlich während der Jahre andauernden Nachbeben von Merediths Attentat scheiden. Der Schwede, „dieser unverwüstliche Mann"[110], der amerikanische Held des Sports, des Unternehmertums und der Familie, zerbricht an dem Familiendrama: „In Tränen aufgelöst. Zitternd und schluchzend. So hatte ich [Jerry] ihn noch nie erlebt. Mein Bruder, der Fels. Er sagte: 'Meine Tochter fehlt mir.' [...] Aber dann schlang er die Arme um mich und heulte hemmungslos".[111]

In *Amerikanisches Idyll* kommt die Demontage des Mythos der glücklichen Familie aus einer gänzlich anderen Richtung als bei *Der große Gatsby*. Waren es dort noch die Eltern, die sich aus Gefallsucht und aus selbstdarstellerischen Absichten, aus den dem Ideal des Mythos widersprechenden und somit falschen Gründen zu einer Familie zusammentun und ein Kind bekommen, ist es hier anders. Das Bild – die meisten Charakteristika werden eingehalten: Mann und Frau sind verheiratet, sie haben ein Kind, Liebe spielt in der Beziehung untereinander eine Rolle, der Mann ist der Ernährer und die Frau die Hausfrau, etc. - stimmt. Trotzdem klappt es nicht mit der glücklichen Familie. Merry fällt ab von den Traditionen der Levovs (einen

---

109 Roth 128.
110 Roth 119.
111 Roth 103.

Erklärungsansatz für Merrys Handeln liefert der Kinderpsychologe, der engagiert wird, um das Stottern zu kurieren: „Wie es aussah, war Merrys Problem hauptsächlich darauf zurückzuführen, dass sie so gut aussehende und erfolgreiche Eltern hatte"[112] und „das Glück ihrer Eltern [war] einfach zu viel für"[113] sie). Die jüngeren Levovs leben jeweils getrennt voneinander, zerbrochen an den Ereignissen. Am Ende ist nurmehr die Ehe der Großeltern existent.

2.1.1.3 *Die Korrekturen*: Die *Unhappy American Family*

Gibt es in *Amerikanisches Idyll* noch einen Gegensatz im Befinden zwischen der Elterngeneration und der Kindergeneration, sind die Familien beider Generationen in Jonathan Franzens *Die Korrekturen* von Anfang an unglücklich. Im Roman gibt es zwei Kernfamilien im traditionellen Sinn: die der Eltern Enid und Alfred Lambert und die von deren Sohn Gary Lambert und dessen Frau Caroline.

In beiden Ehen herrscht die klassische Rollenverteilung, die bereits in den anderen Romanen griff: Der Mann übernimmt die Rolle des Ernährers, die Frau ist Hausfrau und widmet oder, im Fall von Enid, deren Kinder bereits ausgezogen sind, widmete sich der Erziehung des Nachwuchses. Ganz nach dem ersten Satz in Lew Tolstois *Anna Karenina*, wonach sich alle glücklichen Familien mehr oder weniger einander gleichen, alle unglücklichen Familien jedoch jede auf ihre eigene Art unglücklich sind, sind auch die beiden Lambert-Zweige auf unterschiedliche Art mit ihren Lebenswirklichkeiten unzufrieden.

Die älteren Lamberts, Enid und Alfred, leben in einem „gerontokratischen Vorort"[114] in der mittelwestlichen Kleinstadt St. Jude. Sie leben, oder beabsichtigen dies zumindest, in einem 'agrarischen Utopia' in einer friedlichen Kleinstadtidylle, welche sich hier in der Form des Vororts manifestiert. Es ist die Ruralisierung des städtischen Lebens in ein mehr oder weniger pastorales Ideal. Das Vorort- bzw. Kleinstadtleben hat gewisse Charakteristika: Enid und Alfred kennen ihre Nachbarn und sind mit ihnen befreundet, ganz so, wie es das Ideal der *Happy American Family* und des Kleinstadtlebens vorschreibt.

Zudem ist ihre Mentalität von der protestantischen Religion und deren Idealen durchdrungen. Alfred war einst Ingenieur bei der Eisenbahn und verdiente den Lebensunterhalt der Kernfamilie, während Enid zu Hause blieb und für die Kinder sorgte. Wie alle bereits genannten Ehefrauen hat auch Enid den Nachnamen ihres

---

112 Roth 137.
113 Roth 137.
114 Jonathan Franzen, Die Korrekturen (Reinbek bei Hamburg: Rowohlt Taschenbuch Verlag, 2002), 9.

Mannes angenommen. Alfred regierte sein Reich mit patriarchalischer Strenge ganz nach den puritanischen Idealen von Disziplin und hohen moralischen Tugenden. Er ging aber auch im Familienleben auf. Wehmütig erinnert sich Alfred als Rentner an die Zeit, als er noch ein junger Familienvater war:

> „Er dachte an die Abende, an denen er mit einem oder beiden seiner Jungen oder mit seiner Tochter im Arm oben gesessen hatte, ihre feuchten, nach Schaumbad riechenden Köpfe hart an seinen Rippen, währen er ihnen aus *Black Beauty* oder den *Narrnia-Chroniken* vorlas. Wie schon seine bloße Stimme, deren fühlbarer Klang sie schläfrig gemacht hatte. Das waren Abende, und es gab Hunderte, vielleicht Tausende davon, an denen nichts die Keimzelle der Familie befallen hatte, was traumatisch genug gewesen wäre, eine Narbe zu hinterlassen."[115]

Wie sehr Alfred im 'Familienleben aufgeht', bzw. wie wichtig ihm seine Familie ist, zeigt auch folgende Begebenheit, die sich zwischen ihm und seiner einzigen Tochter Denise abspielt:

> „*Es war nie meine Absicht, dich in all das hineinzuziehen.* Und tatsächlich: Ihr Vater war aus der Eisenbahngesellschaft ausgeschieden. Er hatte seine Hand schützend über Denise' Privatsphäre gehalten. Hatte nie ein Sterbenswort von alledem zu ihr gesagt, nicht die leiseste Andeutung gemacht, dass sein Bild von ihr Schaden genommen hatte."[116]

Dabei geht es um die Affäre, die Denise als junge Eisenbahn-Praktikantin in der Firma ihres Vaters hat. Ihr Liebhaber ist ein Angestellter ihres Vaters. Von 'Liebhaber' kann man jedoch nur schwerlich sprechen, denn Don Armour lullt Denise mit kaltschnäuziger Berechnung ein und versucht später, Vorteile aus der Affäre mit der Tochter des Chefs zu ziehen:

> „'Hat Dad dir je erzählt, warum er damals nicht mit Orfic Midland nach Little Rock gegangen ist?' [...] 'Er hatte ja schon zugesagt. Und, Denise, finanziell gesehen hätte es für uns *enorm* viel ausgemacht. Seine Pension wäre, bloß durch zwei Jahre, nahezu doppelt so hoch gewesen. Dann stünden wir jetzt erheblich besser da.'[erzählt Enid ihrer Tochter]"[117]

Obwohl ihm eine Menge Geld entgeht, entscheidet sich Alfred dafür, die Privatsphäre seiner Tochter zu bewahren und nicht auf den Erpressungsversuch von Denise' Verführer einzugehen. Allen Widrigkeiten und Folgen zum Trotz, Enid hat in der Romangegenwart schlimme Existenzängste, schützt Alfred seine Tochter und stellt ihr Wohl über seine Karriere. Ein Vorfall dieser Art hätte ein Drama für die gesamte Lambert-Familie bedeuten können. In ihrem Vorort, wo jeder jeden kennt und puritanische Idealvorstellungen von vorehelicher Züchtigkeit und ehelichem

---

115 Franzen 467.
116 Franzen 722.
117 Franzen 726.

Geschlechtsverkehr vorherrschen, hätte Denises Ansehen argen Schaden erlitten. Zudem wäre die Familie Lambert zur 'troubled family' abgestempelt worden. Diese Standhaftigkeit Alfreds ist nicht nur ein Zeichen von Familiensinn, sondern auch von moralischer Integrität und zeigt, dass die Familie, zumindest für Denise, durch ihren Patriarchen, der sie als höchstes Gut betrachtet, ein Musterbeispiel des schützenden Raums in einer feindlichen Umgebung ist.

Alfred glaubt an seine puritanischen Wertvorstellungen und hält das Größte auf Disziplin. Er nutzt sie zur Erziehung seiner Kinder:

> „Alfreds eigene Mund- und Kieferpartie hingegen wirkte so wie zugenäht, so wie immer, wenn etwas, das Disziplin erforderte – ein Kind verprügeln, Kohlrüben essen - , ihm mächtig widerstrebte. (Wobei er selbst sich dieses Widerstrebens, das er für Disziplin hielt, kein bisschen bewusst war.)"[118]

Er glaubt so sehr an den Wert der Disziplin, an die Ideale der amerikanisch-puritanischen Familientradition, dass er sogar seine innere Stimme überhört, die ihm sagt, dass das Schlagen von Kindern möglicherweise falsch sein könnte.

Von Liebe zwischen den Eheleuten ist zwar die Rede, ihre Existenz aber nicht offensichtlich:

> „Sie war froh, wenigstens seinen Körper wiederzuhaben. Seine Größe, seine Gestalt, seinen Geruch hatte sie immer geliebt, und jetzt, da er im Rollstuhl saß, war er bedeutend nahbarer und außerdem unfähig, Einwände gegen ihre Zärtlichkeiten klar verständlich zu formulieren. Er ließ sich küssen und schreckte nicht zurück, wenn ihre Lippen ein wenig bei ihm verweilten; er zuckte nicht zusammen, wenn sie ihm übers Haar strich."[119]

Was diese Passage exemplarisch über das eheliche Verhältnis aussagt, ist die Einseitigkeit, mit der in der Beziehung der beiden Eheleute Liebesbezeugungen ausgetauscht werden. Die Liebe von Enid zu Alfred, auch wenn diese vornehmlich auf Körperlichkeiten zu basieren scheint, traf bis dato nie auf Beweise für Gegenliebe. Nun da er paralysiert ist, verweigert er es zumindest nicht mehr, sich ihre Liebesbezeugungen gefallen zu lassen. Dennoch zeigt Alfred Enid nie von sich aus, dass auch er sie liebt. Folglich bleibt es unklar und fraglich, ob die Ehe wirklich auf gegenseitige Liebe gründet.

Alfred ist krank. Das Kriterium der *Happy American Family*, dass ihre Mitglieder auch gesund sein müssen, kann demzufolge kaum eingehalten werden: „Diagnose Parkinson, Demenz, Depression sowie Nervenleiden der Beine und des

---

118 Franzen 184.
119 Franzen 778.

Harnsystems"[120]. Auch Enid hat eine „lädierte Hüfte"[121] und macht auch was ihre psychische Gesundheit betrifft keinen vitalen Eindruck: Ständig nörgelt sie an ihrem Ehemann, am Leben und den Entscheidungen ihrer Kinder, an Nachbarn, etc. herum - wie Alfred scheint auch sie depressiv zu sein; Die gemeinsame Kreuzfahrt mit Alfred verbringt sie unter dem Einfluss der Droge Mexican A, um den krankheitsbedingten Eskapaden ihres Mannes, er hat Wahnvorstellungen, ist inkontinent, etc., zu entkommen. Enid ist zunehmend mit ihrer häuslichen Situation bestehend aus der Pflege ihres Mannes und des Managements des Haushalts überfordert.

Schon zu Beginn des Romans läutet bei den älteren Lamberts „[ü]berall im Haus [...] eine Alarmglocke, die außer Alfred und Enid niemand hört[...]. Es [ist] die Alarmglocke der Angst."[122] Vor was die beiden Angst haben, wird nicht direkt benannt und bleibt den ganzen Roman über diffus. Doch man ahnt es: Es ist die Angst vor Alfreds Krankheit, vor dem finanziellen Bankrott, schlichtweg: die Angst vor der gemeinsamen Zukunft.

Auch einem ehrlichen Umgang miteinander, als Zeugnis des Vertrauens, fühlen sich die Lamberts nicht verpflichtet. Den gesamten Roman über etwa verheimlicht Enid Fakten vor den anderen Familienmitgliedern, versucht ihre Kinder und ihren Mann gegeneinander auszuspielen, gründet opportune Verschwörungs-Allianzen mit diesen und zerstört Verhältnisse wieder. Enid scheut nicht davor zurück, ihre Familienmitglieder zu manipulieren, um ihre eigenen Interessen durchzusetzen. Doch Unehrlichkeit ist nicht allein einer ihrer Hauptcharakterzüge. Vielmehr glaubt Enid unehrlich sein zu müssen, um die Familie zu schützen und letztendlich, um in ihr überleben zu können. Und so ist Enids Unehrlichkeit in einem gewissen Maß auch der Aufrechterhaltung der Familie dienlich, widerspricht aber den anderen Idealen. Die Ankunft des Briefs beispielsweise, der „gewisse Aspekte der wirtschaftlichen Lage des Axon-Unternehmens"[123] preisgibt, verheimlicht sie Alfred und versteckt das wichtige Dokument vor ihm. Die Axon-Corporation ist Enids Hoffnung auf die Verbesserung ihrer finanziellen Situation. Enid hat große Angst vor Altersarmut, „Angst, die von den Rabattmarken [kommt, deren] Fristen vor Monaten, wenn nicht gar Jahren abgelaufen waren [und sie] samt und sonders nutzlos geworden [sind]"[124]. Das Verstecken des Briefs und das in-Dialog-Treten mit Axon ist jedoch nicht nur eine Unehrlichkeit, sondern gleichzeitig die Brüskierung der

---

120 Franzen 778.
121 Franzen 25.
122 Franzen 9.
123 Franzen 11.
124 Franzen 10.

unumstößlichen moralisch-puritanischen Werte ihres Mannes. Dies nimmt sie jedoch billigend in Kauf, um an Geld zu kommen. Umgekehrt traut auch Enid Alfred nicht, der, krankheitsbedingt oder nicht, sein, in Enids Augen, Unwesen im Haus treibt: „Enid war sicher, dass sie selber einen klareren Kopf bekommen würde, wenn sie sich nicht alle fünf Minuten fragen müsste, was Alfred im Schilde führte."[125] So kommen die unabdingbaren Eigenschaften einer glücklichen Familie - Ehrlichkeit und Vertrauen - in der Ehe der älteren Lamberts deutlich zu kurz.

Zudem leidet die Kommunikation der Familie unter erheblichen Störungen. Das Miteinander der beiden Senioren wie auch das mit ihren erwachsenen Kindern ist kaum von einem liebevollen Umgangston geprägt: „Alfred hatte den Postboten an die Tür klopfen hören und so laut 'Enid! Enid!' gerufen, dass er gar nicht mitbekam, wie sie 'Ich gehe schon, Al!' antwortete"[126]. Schreien scheint bei den Lamberts an der Tagesordnung zu sein. Dies schafft eine aggressive, fast klaustrophobische Grundstimmung zwischen den Eheleuten. Auch zwischen dem Sohn Gary und seinen Eltern ist der Umgangston rau: „'Was ich tue, geht dich nichts an.' 'O doch, ich habe da auch ein Wörtchen mitzureden.' 'Das hast du nicht, Gary'"[127], brüllen er und sein Vater sich übers Telefon zu.

Diese wenigen Beispiele der Beziehung der beiden älteren Lamberts zueinander veranschaulichen die kriegsähnlichen Zustände, die bei ihnen zu Hause in St. Jude vorherrschen. Was Enid und Alfred vorleben, macht ihr ältester Sohn Gary nach und dahingehend muss man den eingangs erwähnten Satz Tolstois von den glücklichen und unglücklichen Familien wieder einschränken. So sehr Gary danach strebt, nicht wie seine Eltern zu sein und die gleichen Fehler zu machen, so sehr ist er ihnen in vielen Punkten ähnlich und letztendlich sogar gleich.

Grundsätzlich ist die Rollenverteilung in Garys Familie genauso geregelt wie bei seinen Eltern. Er ist der Ernährer, als Banker verdient er ausgezeichnet. Caroline ist die Mutter seiner Söhne und kümmert sich um den Haushalt: „Ihr eigentliches Leben kreiste um die Jungen. Sie nannte sie ihre besten Freunde."[128] Caroline hat ebenfalls den Familiennamen Lambert angenommen.

Auch Gary und seine Frau streben das Ideal der glücklichen, gesunden Familie an, zerfleischen sich aber die halbe Zeit in einem Ehekrieg und führen die restliche Zeit eine von ungleichen Machtverhältnissen geprägte Ehe. Gary sträubt sich gegen die

---

125 Franzen 11.
126 Franzen 11.
127 Franzen 212.
128 Franzen 198.

puritanischen Ideale Disziplin, Alkoholabstinenz. Auch an die moralischen Werte seines Vaters hält er sich nicht immer. Im Versuch, nicht zu werden wie seine Eltern, glaubt er so, erfolgreich zu sein. Sich selbst aber auch seinen Kindern gegenüber zeigt sein Verhalten einen Mangel an Disziplin. Einerseits sieht man das an seinem maßlosen Alkoholkonsum, andererseits schlägt er seine Söhne nicht und verlangt auch sonst keinerlei Disziplin von ihnen, da er deren Erziehung in die Hände seiner Frau gegeben hat. Diese scheint mehreren *Laissez-Faire*-Methoden anzuhängen:

> „Gary, der als Kind eine halbe Stunde am Tag hatte fernsehen dürfen [...], schien Schachtmans Theorie [einer von zahllosen Erziehungsratgebern, welche Caroline befolgt] ein Patentrezept dafür zu sein, wie man die nachgiebigsten Eltern einer Gemeinschaft die Maßstäbe diktieren ließ und alle anderen zwang, ihre Werte entsprechend weit herunterzuschrauben. Doch Caroline hing dieser Theorie vorbehaltlos an, und da sie die alleinige Sachwalterin seines Ehrgeizes war, nicht wie sein Vater zu sein, [...] fügte Gary sich ihrem Urteil und ließ die Jungen nahezu unbegrenzt fernsehen.“[129]

Trotzdem sich in Gary das Gefühl regt, es bedürfe seiner Söhne disziplinarischer Maßnahmen, will er unbedingt anders sein als sein Vater. An dieser Absicht scheitert er jedoch, da er trotz seiner konsequenten Verweigerung von Disziplin und Standhaftigkeit diese durchaus für seine Söhne ersehnt. Hier beginnt seine Stellung als Patriarch zu bröckeln.

Von der vom Puritanismus geforderten strikten Alkoholabstinenz, die nicht nur ein Zeichen für seine Disziplinlosigkeit ist, hält Gary nicht viel. Er befindet sich an der Schwelle zum Alkoholismus, ständig versucht er sich davon zu überzeugen, dass es in Ordnung sei, wenn er einen Drink nimmt und trinkt sogar heimlich: „Immer noch hinter der Tür verschanzt, nahm Gary einen ordentlichen lauwarmen Schluck Gin. Dann schloss er die Tür und hielt, für den Fall, dass es jemanden interessierte, was für einen relativ maßvollen Drink er sich eingeschenkt hatte, das Glas in die Höhe.“[130]

Die hohen moralischen Tugenden seines Vaters hat Gary nicht übernommen und will dessen Entscheidung in Bezug auf Axon, die dieser nach seinen moralischen Maßstäben bereits getroffen hat, auch nicht akzeptieren:

---

129 Franzen 240.
130 Franzen 228.

„'Dad', sagte er, 'ich habe mich ein bisschen kundig gemacht. Axon ist eine Firma mit *sehr viel* Geld.'
'Gary, ich habe dir doch gesagt, dass du mir da nicht reinfuhrwerken sollst', antwortete Alfred. 'Außerdem ist es jetzt müßig. [...] Die Dokumente sind notariell beglaubigt.'
'Deine ganze Anständigkeit ist doch Blödsinn. Deine Zivilisiertheit ist Blödsinn. Schwäche ist das! Angst! Blödsinn!'"[131]

Ein weiterer Punkt ist die Eltern-Kind-Beziehung von Gary zu Enid und Alfred. Hier scheint es mehr Wut und Hass denn Liebe und Verständnis zu geben. Seinen Vater hat Gary 'gefressen', gerade wegen seiner puritanischen Werte und wohl auch seiner Unfähigkeit wegen, Liebesbezeugungen zu machen. Seine Mutter verachtet er, weil sie immer noch nicht an die, in seinen Augen, stilvollere und bessere Ostküste gezogen ist. „Doch wenn man von Gary eines sagen konnte, dann das: Er war pflichtbewusst."[132] So entkommt Gary seinen Wurzeln nicht, auch nicht durch den Umzug an die Ostküste und die Heirat mit einer, seiner Konfession ungleichen, Quäkerin.

Auch in der Familie von Gary kann von Gesundheit kaum die Rede sein. Das vermeintliche Oberhaupt hat die manisch anmutende Gewohnheit, sich selbst ständig nach Anzeichen einer psychischen Krankheit zu untersuchen:

> „Als er die Dunkelkammer betrat, schätzte er, dass sein Neurofaktor 3 (also Serotonin, ein sehr, sehr wichtiger Faktor) seit sieben, wenn nicht gar dreißig Tagen einen Höchststand verzeichnete, dass die Performance von Faktor 2 und Faktor 7 ebenfalls die Erwartungen übertraf und dass Faktor 7 von einem Tief am frühen Morgen, ausgelöst durch ein Glas Armagnac vor dem Schlafengehen, inzwischen erholt hatte. [...] Er war nicht das kleinste bisschen klinisch depressiv."[133]

Warum Gary sich ständig dieser Überprüfung unterzieht, hat den Grund des schwelenden Ehestreits zwischen ihm und seiner Frau, in welchem sie behauptet, er sei depressiv, was er von seinem Vater geerbt habe: „[Z]wischen ihm und Caroline [bestand] seit langem Einigkeit, dass Alfred klinisch depressiv war, und man ja wusste, dass [die klinische Depression] im Prinzip erblich war, [...]".[134] So ist die, auch wenn vielleicht nur illusorische, erbliche Verbundenheit von Gary zu Alfred, ein weiterer Indikator für das Scheitern der Abnabelung des Sohnes vom Vater. Auch Garys Alkoholkonsum ist kein Zeichen für geistige bzw. mentale Gesundheit.

Doch Gary ist nicht der einzige, der krank ist: Caroline hat Rückenschmerzen. Sie nutzt diese wiederum für ihre egoistischen Ziele: Da sie Garys Eltern nicht leiden

---

131 Franzen 240 f.
132 Franzen 195.
133 Franzen 195 f.
134 Franzen 252.

44

kann, nutzt sie ihre Schmerzen, um Gary gegen Enid und Alfred auszuspielen: Angeblich bekommt sie ihre Rückenschmerzen, weil sie zu schnell ans Telefon rennt, auf welchem Garys Mutter zu oft anruft. Tatsächlich, weiß Gary, hat sie sich die Schmerzen aber beim Spiel mit ihren Söhnen zugezogen.[135] Krankheit und familiärer Verfall liegen nah beieinander und das Muster der älteren Lamberts wiederholt sich bei den jüngeren: Wie Enid spielt Caroline ihren Mann gegen die gemeinsamen Kinder aus (Gary hat den „hartnäckigen Verdacht, dass Caroline und seine beiden älteren Söhne sich über ihn lustig [machen]"[136]).

So wird Garys Heim für ihn selbst nicht ein Ort des 'Schutzes vor der feindlichen Umgebung', sondern ein Ort der Feindseligkeiten selbst. Er muss Spießruten laufen und ständig auf der Hut sein, dass das Triumvirat aus Caroline und den beiden älteren Söhnen ihm nicht auch noch die Liebe seines kleinsten Sohnes nimmt, den er als 'Verbündeten' anwirbt.

> „Jonah schlang seine Arme um ihn. […] Er hätte sich die Kehle durchgeschnitten, wenn der Junge Blut gebraucht hätte; so gesehen, war seine Liebe grenzenlos; und dennoch fragte er sich, ob es nur Liebe war, wonach er sich im Augenblick sehnte, oder ob er nicht auch dabei war, eine Koalition zu bilden. Sich einen taktischen Verbündeten für die eigene Mannschaft zu sichern."[137]

In dieser Passage weist die Wortwahl bereits auf die Verhältnisse in der Familie hin: es geht um Verbündete und verschiedene Seiten, um Taktik. Wie bei Alfred und Enid geht es auch bei Gary und Caroline kriegsähnlich zu.

Anders als sein strenger, disziplinierter Vater ist Gary jedoch eher rückgratlos. Im Gegensatz zu Alfred ist er nicht der unumstrittene Patriarch: Er lässt es zu, dass gegen ihn intrigiert wird und lässt sich von seiner Frau und seinen Kindern ausspielen und auskontern. Anders als Alfred, der von Enids Betrug nichts ahnt, daher nicht in der Lage ist, sich zu wehren, hat Gary den Angriffen seiner Familienangehörigen, die er durchaus wahrnimmt, kaum etwas entgegenzusetzen und ist somit nicht das starke Familienoberhaupt, nicht der klassische Patriarch, obwohl er der Ernährer ist. In seiner Familie wird das den Idealen der *Happy American Family* entsprechende Patriarchat von einem Matriarchat und zeitweise sogar vom 'Filiarchat', der Herrschaft der Kinder, abgelöst.

Auch stellt sich die Frage, ob Gary und Caroline aus Liebe geheiratet haben. Diesbezüglich kann man von einer auf starke körperliche Anziehung und psychischen

---

135 198ff.
136 Franzen 196.
137 Franzen 226.

Abhängigkeitsverhältnissen beruhenden Liebe sprechen: „Er wusste auch, dass Caroline, anders als er, sehr allein auf der Welt war. [...] Von Anfang an hatte er Caroline wegen ihrer unglücklichen, einsamen Kindheit geliebt und bedauert."[138]

> „Gary seinerseits wollte die Caroline zurückhaben, die sich noch vor wenigen Nächten, als es gewaltig donnerte, im Bett an ihn geklammert hatte. Die Caroline, die auf ihn zugehüpft kam, wenn er den Raum betrat. Die Halbwaise, deren sehnlichster Wunsch es war, auf *seiner* Seite zu sein."[139]

Objektiv betrachtet ist diese Liebe durchaus von den romantischen Idealen der 50er Jahre geprägt. Gary gefällt es von Caroline 'gebraucht' zu werden, sie in der Abhängigkeit von sich zu wissen. Er will der 'starke Mann' und Ernährer sein und sieht es gerne, wenn sie die schwache, Schutz suchende Frau ist. Caroline löst sich allerdings von diesem Abhängigkeitsverhältnis und die jungen Lamberts bewegen sich vom Familienideal hin zur *Unhappy American Family*. Caroline wird aber keineswegs unabhängig. Sie sucht sich lediglich neue Abhängigkeiten - die zu ihren 'besten Freunden', den Söhnen (glaubt man dem aus persönlicher Sicht erzählenden Gary): „Kurz verspürte Gary Mitleid mit Aaron und Caleb. Eine Mutter zu haben, die einen so sehr brauchte, ja für deren Glück geradezu verantwortlich zu sein, war eine Last, das wusste Gary."[140] Und so scheint hier das 50er Jahre Ideal von Caroline in gewisser Weise doch wieder bedient zu werden, da die Frau wieder vom Mann, oder besser: von den anderen männlichen Familienmitgliedern, abhängig ist.

Auch das Eltern-Kinder-Verhältnis Enid und Alfreds zu ihren beiden anderen Nachkommen ist zerrüttet. Denise und Chipper 'Chip' Lambert wollen den puritanischen Idealen ihrer Eltern und dem Kleinstadtmuff St. Judes genauso entkommen wie Gary. Beide sind an die Ostküste gezogen: Chipper wohnt in New York, Denise, wie Gary, in Philadelphia.

Die Zerrüttung des Verhältnisses zwischen Chip und seinen Eltern zeigt sich bereits an der ersten Szene, in der er auftritt: am Flughafen, als Enid und Alfred zu Besuch kommen:

> „Für jeden, dem auffiel, wie sie die Augen von den dunkelhaarigen, vorbeihastenden New Yorkern abwandten, für jeden, der einen Blick auf Alfreds Strohhut warf, einen Hut so hoch wie Iowa-Mais am herbstlichen Labor Day, oder auf den gelben Wollstoff der Hose, die sich über Enids schiefe Hüfte spannte, war offensichtlich, dass sie aus dem Mittelwesten stammten und Angst hatten."[141]

---

138 Franzen 232.
139 Franzen 256.
140 Franzen 232.
141 Franzen 25.

Die Szene veranschaulicht den Hass und das Überlegenheitsgefühl dem Mittelwesten gegenüber, dem neben Gary auch Chip anheimgefallen ist. Auch er glaubt, sich abgenabelt zu haben, muss sich aber in Vertretung seiner im 'Hinterwäldler-Outfit' ankommenden Eltern, dem Beweis beugen, dass er doch aus dieser Region stammt. Trotz der Herablassung eines New Yorkers, als den Chip sich zweifellos sieht, auf die Provinzialität der Mittelwestler, sind Enid und Alfred, wie sie dort am Flughafen ankommen „Killer"[142] und „selbst der größte Schmerz, den seine Ohren erzeugen konnten [...] [wäre] geringer, als der, den er jetzt brauchte, um Haltung zu bewahren."[143] Von Wiedersehensfreude ist keine Spur, zumindest nicht von Chips Seite aus. So scheint das Kriterium 'Liebe' auf die Beziehung zwischen den Dreien genausowenig zuzutreffen wie beim Verhältnis des ältesten Sohnes zu seinen Eltern. Dies wird aber von der Zuneigung Alfreds, dessen „Gesicht aufleuchtete, als er unter so vielen Fremden seinen Sohn entdeckte"[144], widerlegt. Und so ist das Kriterium der Liebe in dieser Szene zumindest halb auf den letzten Seiten des Romans sogar gänzlich erfüllt, wo Chip sich um seinen sterbenden Vater kümmert: „Insbesondere Chip wirkte auf geradezu wundersame Weise verwandelt. Nach Weihnachten blieb er ganze sechs Wochen bei Enid und besuchte Alfred jeden Tag, bevor er nach New York zurückkehrte."[145]

So ist es nicht der Mangel an Liebe, der Chip so weit bringt, beim Besuch seiner Eltern nicht „in der Lage [zu sein], ihren gesamten Besuch zu überstehen"[146]. Er hat schlichtweg Angst, nicht ihren Erwartungen zu entsprechen. Diese Angst ist nicht unbegründet, denn das erste, was Enid zu ihrem Sohn sagt, ist „'Chip' [...] was hast du mit deinen *Ohren* gemacht!"[147] Er hatte sich die Ohren piercen lassen und dies ist die Art von Enid ihr Missfallen darüber zu äußern. Und so beginnt ein Reigen von Fragen, die unterschwellig darauf abzielen, dass Enid sich versichern will, dass Chip kein Versager ist. Dies veranschaulicht das zerrüttete Vertrauensverhältnis von Enid zu ihrem jüngeren Sohn. Die Lügen Chips als Antwort auf ihre Fragen sind wiederum als ein Beispiel der Unehrlichkeit ihr Gegenüber zu verstehen (er lässt Enid in dem Glauben, beim Wall Street Journal statt beim, wesentlich weniger prestigeträchtigen, Warren Street Journal zu arbeiten[148]).

---

142 Franzen 25.
143 Franzen 25.
144 Franzen 26.
145 Franzen 776.
146 Franzen 26.
147 Franzen 26.
148 Franzen 28.

Diese Konzentration auf Chipper Lambert ist nur eine exemplarische Analyse seines Verhältnisses zu Enid und Alfred, um zu zeigen, dass nicht nur Garys Beziehung zu den Eltern zerrüttet ist. Bei Denise ist es ähnlich, wie bei ihren Brüdern. Eine Analyse dieses soll jedoch mangels Platz und drohender Redundanz unterbleiben.

Was die alten wie die jungen Lamberts jedoch am augenscheinlichsten zu einer dieses Kapitel betitelnden *Unhappy American Family* macht, ist die nahezu komplette und andauernde Abwesenheit jedweder *happiness* während des gesamten Romanverlaufs. Bis auf kleine Einheiten von Freude, Enid schafft es nach langen Mühen all ihre Kinder für ein letztes Weihnachtsfest nach St. Jude zu bringen, Gary erfreut sich an seinen diversen Hobbys und an der nach langem und erbittert geführten Ehestreit eingetretenen Versöhnungsphase mit seiner Frau Caroline, ist keines der erwachsenen Familienmitglieder auch nur annähernd glücklich.

Alles in allem unterscheiden sich bei der Darstellung der Lamberts die geforderten Idealvorstellungen der glücklichen Familie erheblich von den Realitäten des Romans. Alle Protagonisten sind zutiefst unglücklich mit ihrer Position in der Familie oder mit der Zugehörigkeit zu dieser Familie. Daher sind die Lamberts das Musterbeispiel des Gegenbeispiels: Sie sind die unglückliche amerikanische Familie. Die *Happy American Family* ist somit in allen drei Romanen demontiert und als Mythos im Sinne des Volksmunds, also als 'unwahr', entlarvt.

2.1.2 Der *American Dream*

Ein anderer mit den Schicksalen der Protagonisten aller drei Romane eng verknüpfter Mythos, besser gesagt Mythenkomplex, ist der des *American Dream*. Er setzt sich zusammen aus dem Namen gebenden Hauptmythos und mehreren Untermythen, die alle in ihren Eigenschaften und Entstehungsgeschichte zueinander gehören. Diese Untermythen sind: der *Frontier*-Mythos, der Mythos vom *Self-Made Man*, die eingangs bereits erwähnte Phrase *From Rags to Riches*, der Mythos von der *Upward Mobility* und der Mythos vom *Land of Endless Opportunities*.

Zunächst zu den theoretischen Eigenschaften und Ursprüngen des *American Dream*. Hahn erklärt, dass der amerikanische Traum „in der amerikanischen Gesellschaft omnipräsent ist und noch immer ein idealisiertes Konzept darstellt."[149] Zudem zählt er

> „zu den bekanntesten Mythen der Vereinigten Staaten. Trotz oder vielleicht gerade wegen seiner Berühmtheit ist er dennoch derjenige Mythos, der am schwierigsten

---

149 Hahn 112.

zu definieren ist. Dies hängt damit zusammen, dass er seit der Gründung Amerikas seine Bedeutung des Öfteren verändert hat, indem er sich den Wünschen und Hoffnungen der jeweiligen Zeit anpasste."[150]

Der *American Dream* ist uralt, der Begriff dagegen relativ neu: Philosophen, Historiker und Utopisten in der 'alten Welt' haben bereits vor der Entdeckung Amerikas von einer besseren Welt geträumt. Erst seit 1492 werden diese Hoffnungen aber auf die 'neue Welt' projiziert.[151] Die Wendung 'amerikanischer Traum' ist dagegen eine Schöpfung des 20. Jahrhunderts: Der amerikanische Historiker und Schriftsteller James Truslow Adams machte in seiner Studie *The Epic of America* im Jahr 1931[152] die rhetorische Verknüpfung von *America* und *Dream* und der Mythos hatte seinen Namen gefunden.[153]

„[Adams] benutzte ihn [den Begriff] mitten in der Großen Depression, um allen Amerikanern Hoffnung auf ein besseres und glücklicheres Leben zu machen."[154] Daher ist es nicht verwunderlich, dass die USA sich auch als Nation von *Comeback Kids* sehen: Geht es den Bürgern schlecht, besinnt man sich auf den *American Dream*. Dieser gibt Hoffnung und Kraft weiterzumachen und etabliert den festen Glauben, dass es irgendwann wieder aufwärts geht. Dieser Glaube an die Erneuerung, an das Wieder-Nach-Oben-Kommen gehört zu den USA und zum *American Dream* und wird immer wieder aufs Neue tradiert. Beispielsweise in Sportfilmen, in denen es oft um das eine große, und immer gelungene, Comeback eines Boxers, Footballspielers, etc. geht, etwa in *The Fighter,* den Filmen der *Rocky*-Reihe oder dem Martial-Arts-Drama *Warrior*. Es darf aber nicht unerwähnt bleiben, dass der Mythos auch Entmystifizierung findet. Zum Beispiel in den Filmen des *New Hollywood* der 1960er und 1970er Jahre (*Asphalt Cowboy, Easy Rider*).

An diesen filmischen Tradierungen sieht man auch, dass „[der amerikanische Traum und dessen Manifestationen und Spielarten] in einer kaum überschaubaren Fülle von künstlerischen Darstellungen und politischen Dokumenten fiktionalisiert, funktionalisiert und kritisiert"[155] werden, wie Udo Hebel erklärt. „Bezeichnenderweise nehmen nahezu alle Präsidenten der USA und alle Bewerber um die Präsidentschaft [in ihren Reden] auf den Bildkomplex und auf die Zufriedenheits- und

---

150 Hahn 109.
151 Jürgen P. Keller, The American Dream Gone Astray - *Critical Realism in American Fiction 1920 – 1940,* (Bern: Lang, 1995) 49.
152 Hahn 112.
153 Keller 49.
154 Hahn 112 f.
155 Hebel 323 f.

Erfolgversprechen des American Dream"[156] Bezug. Die berühmteste auf den Mythos Bezug nehmende Rede ist jene des Pfarrers und Bürgerrechtlers Martin Luther King jr., die unter dem Namen 'I Have a Dream' in die Annalen eingegangen ist.[157] Luther King jr. verwies hierbei direkt auf den amerikanischen Traum und seine Idee von der Chancengleichheit der Amerikaner und erzielte die größtmögliche Wirkung mit dessen Evokation: Vor allem diese Rede machte ihn zu schlichtweg *dem* Vertreter der Bürgerrechtsbewegung des 20. Jahrhunderts und zu einem der Hauptverantwortlichen für die Aufhebung der Rassenschranken in den USA. So stark kann ein Mythos wirken.

Der Mythos hat zudem großen Anteil daran, dass die USA eine Nation sind, deren größtes Potential sich vom Beitrag der Einwanderer speist, die ungebrochen ins Land strömen und bleiben. Diese Menschen kommen, weil sie den Traum vom Leben in 'Freiheit', von Reichtum, von unbegrenzten Möglichkeiten und den gleichen Chancen haben; Selbst wenn für jeden von ihnen der Traum ein anderer ist, gibt es immer eine wiederkehrende Komponente: die Hoffnung auf einen Neuanfang[158] mit den versprochenen Möglichkeiten des *American Dream*. Auch wenn die meisten Länder und Regionen der Erde von Migration geprägt sind, sind es doch die USA, die als Einwanderernation *par excellence* gelten.

Laut Thomas D. Kerr ist der Mythos des *American Dream* das Kernstück einer nationalen Ideologie, über die großes Einvernehmen unter den Amerikanern herrscht. (Ideologie kann dabei als System miteinander verbundener Ideen, Symbole und Ansichten, durch welche jede Kultur versucht, sich zu rechtfertigen und aufrechtzuerhalten[159] gesehen werden. Dieser Definition nach sind Ideologien mit Mythen identisch: sie haben die selben und/oder ähnliche Zeichensysteme und die selben Funktionen.) Auch Udo Hebel sieht in dem Mythos „eine Art übergeordnete nationale Identitätskonstruktion".[160] Die Bürger der USA stimmen den Werten des Mythos, die freie Rede, politische Demokratie, das Vorherrschen des Rechts und die Ökonomie der freien Märkte, im Wesentlichen zu[161]. Der Grund für dieses Einvernehmen unter den U.S.-Bürgern ist der Glaube, diese Grundsätze ermöglichten die Realisierung eines radikalen Ideals des Individualismus und trügen

---

156 Hebel 333.
157 Hebel 333.
158 Keller 49.
159 Sacvan Bercovitch, „The Problem of Ideology in American Literary History", In: *Critical Inquiry* 12 (1986), 635 f.
160 Hebel 332.
161 Thomas D. Kerr, *Chasing After the American Dream* (New York: Kroshka Books, 1996), 9.

dazu bei, dass jeder ganz individuell nach seinem eigenen Glück – wie in der Unabhängigkeitserklärung versprochen - streben könne.[162] So ist „[d]ie Suche nach dem Glück [...] individuell, das Streben danach aber kollektiv."[163] So ist es auch der Glaube an den *American Dream*, der die Amerikaner so eng aneinander bindet[164] und allen Menschen auf allen Bevölkerungsebenen einen Zusammenhalt sichert: Alle haben das gleiche Ziel vor Augen, persönliches Glück, aber keineswegs alle wollen das Selbe erreichen, denn jeder will sein persönliches Glück auf seine eigene Weise finden. So träumen die Amerikaner gemeinsam, handeln aber individuell und stehen sich so in ihrem Streben auch nicht im Wege.

Zudem erzählt der *American Dream* eine andere Heldengeschichte als jene Erzählungen aus der Alten Welt und das ist die große Innovation des Mythos und ein weiteres Geheimnis seines Erfolgs. Denn: jeder kann ein Held sein[165]: Waren in den Geschichten aus der alten Welt lange Zeit Ritter, Könige oder zumindest Findelkinder, deren hohe Geburt dann im Verlauf der Geschichte aufgedeckt wurde, die Hauptfiguren, erzählt der amerikanische Traum von Bauern, Tellerwäschern, einfachen Soldaten, etc. Ein weiterer wichtiger Faktor für das neue Heldentum ist auch das Setting. Nun ist nicht mehr das Schlachtfeld oder das Königsschloss der Ort für große Taten, sondern der Arbeitsplatz[166]. Das Heldentum wird so für jedermann möglich, der arbeitet. Dies macht Arbeit zu einem der wichtigsten Kriterien für den *American Dream*. Kerr schreibt, dass gerade auch diese Erhöhung des 'kleinen Mannes' den Mythos wichtiger macht als die Summe seiner Teile, wichtiger, als dass lediglich ein jeder sein 'Stück vom Kuchen' abbekommt.[167] Zudem erlangen die Amerikaner durch ihr Streben nach Glück neue Würde, da sie die Chancen, die sich ihnen bieten beim Schopf packen, statt sich zurückzulehnen und anderen diese Chancen überlassen.[168] Auch erhält jeder Bürger durch seine Arbeit das Gefühl, von gleicher Bedeutung für die Gesellschaft und seine Familie zu sein ohne dafür in den Krieg ziehen zu müssen[169] (hier sieht man auch wieder, wie eng verknüpft der Mythos mit der *Happy American Family* ist). In der Theorie generiert der *American Dream* also ein Selbstwertgefühl für seine Protagonisten, welches diesen in der alten Welt verwehrt geblieben ist, garantiert das gemeinsame Streben aller Amerikaner

---

162 Kerr 9.
163 Hahn 109.
164 Kerr 9.
165 Kerr 10
166 Kerr 11.
167 Kerr 10.
168 Kerr 10.
169 Kerr 11.

nach Glück und sorgt für gesellschaftlichen Konsens und den Zusammenhalt der Nation.

Konkret beruht der Mythos auf den abstrakten politischen und ökonomischen Konzepten[170] von Gleichheit, Freiheit und Demokratie. Das grundlegendste Werkzeug, um den neuen Helden ihr Heldentum zu ermöglichen, ist nämlich die Politik der freien Märkte.[171] Der Staat sollte unter keinen Umständen in die Wirtschaft eingreifen dürfen. Der Gedanke dabei ist, dass in der alten Welt ökonomische Vorteile darin begründet lagen, dass es unter den Gewerbetreibenden und Herrschern persönliche Beziehungen gab, die zu Korruption und Vetternwirtschaft und zum Ausschluss derer führten, die nicht beteiligt waren.[172] Das beste Beispiel dafür ist wohl das Thronerbeprinzip in Monarchien. Dies soll in der U.S.-Wirtschaft vermieden werden und jeder soll die gleichen Chancen auf ökonomischen Erfolg und somit auf Glückseligkeit haben. Das Prinzip der 'Gleichheit' drückt sich für viele Amerikaner darin aus, dass jeder den gleichen Anspruch auf eine sehr große und unvoreingenommene Sozialstruktur hat.[173] Es spiegelt sich auch im Rechtssystem, im demokratischen politischen System und in den freien Märkten wider.[174]

Chancengleichheit entsteht aber auch aus jenen Sozialentwürfen, die allgemein als 'Freiheit' gelten. Seit über 200 Jahren hat das Bild der Freiheit, wie es in den USA gepflegt wird, Millionen Menschen motiviert, zu immigrieren und Generationen von Amerikanern inspiriert, ihr Grundrecht auf Freiheit zu verteidigen.[175] Dies rührt daher, dass der Glaube an die bewegenden Kraft der Gesellschaft, der Glaube, dass Individuen, die ihre Entscheidungen selber treffen und das auswählen, was für sie das Beste ist, in den Köpfen der Amerikaner tief verwurzelt ist.[176] So ist das Land eine Demokratie, bei der die Mehrheit entscheidet, was gemacht und was nicht gemacht wird. Persönliche Freiheit bedeutet für die U.S.-Amerikaner mehr als lediglich die Befreiung von den Fesseln ihrer Unterdrücker und mehr, als dass jeder einzelne machen kann, was er will:

> „Being an American carries the responsibility to obey the system of laws, participate in the political democracy, and bear arms for the country if necessary. People are supposed to dream up their own vision of happiness, including an honest way of making a living, and then show that they take responsibility for their

---

170 Kerr 10.
171 Kerr 12.
172 Kerr 12.
173 Kerr 17.
174 Kerr 17.
175 Kerr 13.
176 Kerr 13.

goals by working hard both to achieve them and to maintain and defend the society which makes them possible."[177]

Freiheit hat, scheinbar in paradoxer Weise, viele Verpflichtungen. Der Begriff 'Freiheit' ist so ein diffuses Konstrukt bestehend aus vielen Rechten und noch mehr Pflichten, persönliche Freiheit gibt es nur im Konformismus mit der Lebensrealität des *American Way of Life*. Abweichungen von der Norm können nicht geduldet werden.

Glück ist nach der Theorie des Mythos im Wesentlichen auf ökonomisches Wohlergehen bezogen und der *American Dream* sagt aus, dass es in den Vereinigten Staaten für jeden möglich ist, ein gutes Leben zu haben, wenn er nur bereit ist, hart genug dafür zu arbeiten.[178] Der Erfolg lässt sich mathematisch in Geldbeträgen messen: „Bald entstand die Aussicht, dass ein solches [glückliches] Leben primär mit dem Erlangen von finanziellen bzw. materiellen Gütern in Verbindung stehe [...]"[179], schreibt Hahn von den Anfängen des ökonomischen Aufstiegs der USA. Die Einheit, die für den *American Dream* und somit für die U.S.-Gesellschaft zählt, ist nicht mehr Kleidung, Manieren, Geburtsrecht, etc., sondern Geld[180] und es eröffnen sich Gelegenheiten für Menschen egal welcher Herkunft dadurch, dass die Werte sich gegenüber der alten Welt dahin verschoben haben, dass eine Arbeit gut und für so wenig Geld wie möglich gemacht werden soll.[181]

Der finanzielle Erfolg eines Individuums, so er auf ehrlichem Weg erworben wird, ist zudem ein Beweis dafür, dass jemand ein moralisch einwandfreies Leben führt. Er oder sie muss hart gearbeitet haben und ist somit 'in den Augen Gottes' hochangesehen.[182] Der *American Dream* hat also auch, wie die meisten anderen amerikanischen Mythen, eine religiöse Komponente. Durch den Protestantismus der Gründerväter kam der Glaube auf, dass Amerika das neue Kanaan oder auch der neue Garten Eden sei, wo nur jene leben, die von Gott ausgesucht wurden, um ein neues Paradies auf Erden zu erschaffen und somit von Gott gesegnet sind.[183] Religionsfreiheit und die Trennung von Kirche und Staat sind zwar die Basis für die gesamte Gesellschaftsstruktur der USA - ohne sie wären Grundrechte wie Rede- und Gedankenfreiheit kaum vorstellbar - dennoch rührt auch der Gedanke der Gleichheit

---

177 Kerr 13.
178 Kerr 9.
179 Hahn 111.
180 Kerr 12.
181 Kerr 12.
182 Kerr 18.
183 Peter Freese, *America: Dream or Nightmare?* In Arbeiten zur Amerikanistik, Band 4, Hrsg. v. Peter Freese, (Essen: Die Blaue Eule, 1990), 89.

von den puritanisch-christlichen Hintergründen der ersten amerikanischen Gesellschaft der Gründerväter. Es war dies ursprünglich eine Gleichheit der Seelen, des Geistes und der Gedanken vor Gott und die Ideale von Freiheit und Gleichheit sollten am besten in einem protestantisch-christlichen Kontext verstanden werden.[184] Hierbei spielt die Moral eine wichtige Rolle: Die Gleichheit der Seelen vor Gott gebietet es, die 'richtigen' Entscheidungen zu treffen[185] und eine Verpflichtung zu einem 'moralischen' Leben ist unabdingbar. Auch sieht Gott, wie bereits erwähnt, mit Wohlwollen auf hart arbeitende Menschen herab und der finanzielle Erfolg ist dabei der Beweis dafür, dass jemand dies auch tut[186] und eben dieses moralische Leben führt.

Des Weiteren hat jeder Amerikaner die Verpflichtung, vor Gott und Vaterland, seine Träume um jeden Preis zu verwirklichen.[187] Der Glaube, „dass dieses Wohlwollen Gottes gepaart mit der eigenen Hände Arbeit dafür Sorge trägt, dem Individuum ein erfülltes und glückliches Leben zu gewähren"[188] ist entscheidend. Von weiten Teilen der Bevölkerung wird der christliche Bezug als 'Wahrheit' akzeptiert. Durch regelmäßigen Kirchenbesuch wird dem Herrn gedankt. Aber auch Atheisten und Agnostiker sind diesen Idealen trotz deren christlichen Ursprüngen und gerade wegen ihrer Verheißungen im Irdischen nicht abgeneigt.

Wie eingangs bereits erläutert, ist der *American Dream* kein allein stehender, mit festen Grenzen versehener und klar definierbarer Mythos. Vielmehr ist er ein Mythenkomplex, der neben dem Großen und Ganzen von *freedom, equality and democracy* auch noch andere Mythen unter seinem Dach vereint.

2.1.2.1 Der *Self-Made Man*

Wie der 'große Bruder', der *American Dream,* läuft auch der Mythos des *Self-Made Man* auf materiellen Erfolg im Hier und Jetzt hinaus. Der Ursprung jedoch liegt an einem Ort, der selbst zum Mythos wurde und eng verknüpft ist mit weiteren, im Folgenden auch genannten, Untermythen.

---

184 Kerr 15.
185 Kerr 17.
186 Kerr 18.
187 Kerr 18.
188 Hahn 111.

> „Das Bild vom Land der unbegrenzten Möglichkeiten und der damit verbundene Erfolgsmythos verdichten sich in der kulturellen Erzählung des Self-made Man. Der Begriff geht auf Senator Henry Clay zurück, der 1832 in einer Rede vor dem Senat die wirtschaftlichen Leistungen von >>self-made men<< an der Frontier in Kentucky rühmt."[189]

Hier kommt wieder der *Frontier*-Mythos zur Sprache. Im Vergleich zum Mythos der *Happy American Family* spielt er beim *Self-Made Man* eine noch größere Rolle, soll aber im weiteren Verlauf der Studie separate Betrachtung finden. „Der Self-made Man [wird] im 19. und 20. Jahrhundert zu einer überaus produktiven kollektiven Identitätskonstruktion".[190] Die Charakteristika sind folgende:

> „Der prototypische Self-made Man arbeitet sich aus einfachen Verhältnissen mit eigener Kraft nach oben und erreicht Erfolg, Wohlstand und Ansehen – im Unterschied zu aristokratischen und ständischen Gesellschaften in Europa – allein durch seine persönlichen Leistungen (*achievements*), seine geschickte Nutzung günstiger Gelegenheiten (*opportunities*) und seine selbst erworbenen Verdienste (*merits*)."[191]

Auch hier ist wieder die 'eigener Hände Arbeit' ausschlaggebend. Der *Self-Made Man* hat zwar die selben Chance wie alle anderen, Hilfe von Außenstehenden erhält er jedoch nicht, hat diese auch nicht nötig, da alles, was er zum Erfolg braucht, in ihm und in dem ihn umgebenden Land und dessen politischer, sozialer und ökonomischer Infrastruktur bereits vorhanden ist.

Eine der berühmtesten und ersten prototypische Stilisierungen des Self-Made Man ist Benjamin Franklin:

> „In seiner Autobiografie […] stilisierte Franklin seinen eigenen Lebensweg zu einem kollektiven Erfolgsrezept. Im Mittelpunkt von Franklins prototypischen Selbstvorstellungen und seiner Ratschläge für ökonomischen Erfolg und sozialen Aufstieg stehen Fleiß, Leistungsbereitschaft, Tugendhaftigkeit, Selbstdisziplin und eine kontinuierliche Rechenschaftsablage. Franklin schließt in seinen vorbildlichen Lebensentwurf eine Liste erforderlicher Tugenden und eine Vorlage für eine Tabelle zur persönlichen Überprüfung der eigenen Tugendhaftigkeit mit ein. Materieller Erfolg und soziales Ansehen des Self-made Man sind mit der Demonstration persönlicher Rechtschaffenheit und der Planung moralischen Verhaltens verbunden. [siehe auch Appendix #1, die dieser Arbeit anhängt]"[192]

Franklin vereinte alle Werte des *American Dream* in seinem Lebensentwurf und somit auch in seiner Person. Der *Self-Made Man* ist demnach der *American Dream in persona*.

---

189 Hebel 325.
190 Hebel 327.
191 Hebel 325 f.
192 Hebel 326 f.

Zudem ist der Mythos des *Self-Made Man* eng mit der Theorie des Sozialdarwinismus verknüpft. Dabei handelt es sich um eine Gesellschaftstheorie, die im ausgehenden 19. und anfänglichen 20. Jahrhundert nicht nur in den USA überaus populär war. Diese ideologisierte Version der Evolutionstheorie Charles Darwins überträgt im Wesentlichen das Recht des Stärkeren oder des am besten Geeigneten von der Natur auf die Gesellschaft und Wirtschaft. Das heißt im Wesentlichen: Es wird keine Rücksicht auf Fehler und Schwächen der anderen Marktteilnehmer und Wettbewerber genommen und jeder ist sich selbst der Nächste.

> „Der Sozialdarwinismus erlangte in Amerika schnell große Popularität und diente bekannten Self-Made-Millionären wie den Rockefellers oder den Vanderbilts als Vorwand, um ihre kompromiss- und rücksichtslosen Geschäftsmethoden, welche als Grundlage ihres Reichtums fungierten, zu rechtfertigen. […] Das Wettbewerbsdenken verstärkte sich und führte oftmals zu Maßnahmen, welche moralisch und ethisch nicht immer zu vertreten waren. Dies machte in den Augen vieler aber keinen Unterschied, solange der gewünschte Erfolg erzielt wurde."[193]

2.1.2.2 *From Rags to Riches*

Ein Mann, der den Mythos *From Rags to Riches* entscheidend prägte, war Horatio Alger jr.. Dieser war Schriftsteller und verfasste mehr als 100 Romane. In diesen ging es darum, wie man in kürzester Zeit Erfolg haben, d.h. reich werden konnte und wie eng „persönliche Tugenden und ökonomische Gelegenheiten"[194] (die beschworenen *achievements* und *opportunities*) miteinander verknüpft sind. Der bekannteste dieser Romane war *Ragged Dick*, aus welchem auch die Phrase „*From Rags to Riches*" entlehnt ist.[195] Bis heute ist die Phrase untrennbar mit dem *American Dream* verbunden und bringt die gängige Vorstellung zum Ausdruck, dass finanzieller Erfolg in den USA einem jeden beschieden sein kann, unabhängig von Bildung, Ausbildung, Herkunft oder gegenwärtigem Arbeitsverhältnis.[196] „Eine derartige Vorstellung war zu diesem Zeitpunkt in den Vereinigten Staaten allerdings nicht neu, weswegen Alger eine neue Zutat beifügte"[197]: den Sozialdarwinismus. Moral wird mit der Zufügung dieser 'neuen Zutat' zu einem interpretationsfähigen Kriterium. Ist der *Self-Made Man* die Personifizierung des *American Dream*, so ist *From Rags To Riches* die in eine Phrase gegossene Erfolgsstory.

---

193 Hahn 111.
194 Hebel 327.
195 Freese 98.
196 Hahn 111.
197 Hahn 111.

2.1.2.3 *Upward Mobility*

Auch bei diesem Mythos geht es um die Sehnsucht nach Erfolg, diesmal allerdings in einer leicht abgewandelten Spielart: Nun ist es nicht mehr der Aufstieg in finanzielle Höhen, sondern das Hochklettern auf der sozialen Leiter. Obwohl es in den USA offiziell keine Klassengesellschaft gibt und diese verpönt ist, denn Klassendenken stellt einen Makel dar, der lediglich in der alten Welt eine Tugend ist und auch dort nicht zum Erfolg der Vielen geführt hat, gibt es unter U.S.-Bürgern dennoch ein

> „Bestreben gesteigertes soziales Ansehen zu erlangen. Nur wer etwas darstellt[...] und in seinem Leben einiges erreicht hat[...], das [heißt] vornehmlich, viel Geld verdient oder allgemein viel Macht erlangt zu haben, [wird] in höheren Kreisen akzeptiert. Reputation bedingt wiederum [...] finanziellen Erfolg."[198]

Der höchste Kreis, in den man dabei aufsteigen kann, ist dabei jener des sogenannten amerikanischen Geldadels vom Schlage bereits erwähnter Vanderbilts und Rockefellers. Auch hier gibt es wieder die Absicht, sich Ansehen durch die Häufung von so viel Geld, wie möglich zu 'erkaufen'. Das höhere Ansehen in der Gesellschaft dient wiederum nur dem neuerlichen Kapitalerwerb und letztendlich wiederum dem Ziel *happiness*.

2.1.2.4 *Land of Endless Opportunities*

Die USA werden allgemein auch als Land der unbegrenzten Möglichkeiten bezeichnet. Dies meint neben der Vielfalt des Landes in Sachen Landschaft, Geologie, Siedlungsraum, Ethnien seiner Bürger, etc. vor allem auch die damit einhergehenden Möglichkeiten zur ökonomischen Bereicherung der Menschen, die dort Leben. Der Name des Mythos stammt von Ludwig Max Goldbergers gleichnamiger Studie aus dem Jahr 1903.[199] Eine Erläuterung liefert Udo Hebel:

> „Von der Kolonialzeit bis ins 19. Jh. ist es die Verfügbarkeit von offenem Siedlungsland in den nach Westen expandierenden Territorien und Bundesstaaten, seit dem späten 19. Jh. vor allem die nahezu unlimitierte Verfügbarkeit von Arbeitsplätzen und beruflichen Möglichkeiten in Industrie und Dienstleistungsgewerbe in den rasch wachsenden urbanen Zentren, die dieses Bild in der Innen- und Außensicht der USA gleichermaßen fördern."

Ist der *Self-Made Man* die Personifizierung, *From Rags to Riches* die Losung, so kann das Land der unbegrenzten Möglichkeiten als das Setting für den *American Dream* gelten. Damit steht dieser Mythos auch eng in Zusammenhang mit dem folgenden Mythos:

---

198 Hahn 111.
199 Hebel 325

2.1.2.5 Die *Frontier*

Mit der *Frontier* verbindet man traditionell den geografischen Raum zwischen den 'aufgeklärten', bereits der Zivilisation anheim gefallenen Kolonien der Ostküste und dem neu erschlossenen Lebensraum weißer Siedler weiter westlich.[200] Die Erschließung des Westens, der in der offiziellen „Geschichtsdeutung und Identitätskonstruktion [...] die historisch und kulturell bestimmende Region der USA"[201] ist und so selbst zum Mythos geworden ist, lieferte den Kontext der *Frontier*-These. „Der Beginn der Expansion lässt sich etwa auf das Jahr 1700 datieren und zog sich bis 1890 hin, als die *Frontier* offiziell für geschlossen erklärt wurde."[202] Verantwortlich für die Taufe des Mythos zeichnet der Historiker Frederick Jackson Turner und sein 1893 veröffentlichten Aufsatz *The Significance of the Frontier in American History*[203]. An der *Frontier*, so der Gedanke Turners, „wird die Konfrontation mit den unbekannten Lebenswirklichkeiten [, die die Siedler dort vorfinden] und die Bewältigung der Herausforderungen des Lebens [...] zur definitorischen nationalen Erfahrung".[204]

An der *Frontier* finden bestimmte Prozesse statt: Die „Amerikanisierung des ursprünglich europäisch-kontinentalen Lebens und der europäischen Einwanderer"[205]; es entstehen „spezifisch U.S.-amerikanische politische, wirtschaftliche und soziale Institutionen und Praktiken"[206]; „nationale Charakteristika und Tugenden, wie z.B. Freiheit, Individualismus, Demokratie, Gemeinschaftssinn, Pragmatismus, Erfindungsreichtum, Pioniergeist"[207], bewähren sich; außerdem bietet die *Frontier* „Möglichkeiten zum persönlichen, sozialen und wirtschaftlichen Neuanfang"[208] und ist „Ort der individuellen und kollektiven Regeneration".[209]

Auch hier spielt der Puritanismus eine Rolle. Die Wildnis wird gleichzeitig „als Ort der spirituellen und moralischen Erprobung, Bewährung und Erneuerung"[210] verstanden. Die Amerikanisierung ist so im Idealfall zugleich eine Bekehrung des andersgläubigen Siedlers zum Protestantismus.

---

200 Hebel 320.
201 Hebel 321.
202 Hahn 146.
203 Hebel 320.
204 Hebel 320 f.
205 Hebel 321.
206 Hebel 321.
207 Hebel 321.
208 Hebel 321.
209 Hebel 321
210 Hebel 321.

Das Leben an der kaum kultivierten *Frontier* hat „auch viele Vorteile: Beispielsweise konnten alle gewonnenen Ressourcen ohne größere Kosten und ohne die Anlage von Kapital genutzt werden, was zu teilweise exorbitanten Gewinnen führte".[211] Dies brachte vielen Siedlern „das unabhängige und oft auch glückliche Leben, von dem man in Europa nur träumen konnte".[212] Die ökonomischen Erfolge rührten nicht zuletzt daher, dass man „die Politik den Gegebenheiten der Stunde anpassen, und so die derzeitige Situation bestmöglich [...] nutzen"[213] konnte. So kam es dazu, dass der Glaube, „die 'Westward expansion' [bringe] jedem, der nur bereit war, dafür zu arbeiten, Glück und Wohlstand"[214] sich immer weiter verbreitete und sich die beiden Mythen *American Dream* und *Frontier* so aufs Engste verbanden.

Der Frontier-Mythos spielt auch weit nach der Erschöpfung der Expansion nach Westen immer wieder eine große Rolle in der Selbstperzeption vieler Amerikaner. „John F. Kennedys Regierungsprogramm der New Frontier, das er in seiner Nominierungsrede als Präsidentschaftskandidat der Demokratischen Partei 1960 verkündet" hat ist dafür ein gutes Beispiel. Er überträgt hier die geografische *Frontier* der *Westward Expansion* (auch diese kann als ein weiterer Mythos gelten) auf eine immaterielle *Frontier* neuer Herausforderungen, denen sich die USA zu stellen hätten. Somit ist die *Frontier* des 20. Jahrhunderts nicht mehr nur im Westen der USA zu suchen, der ja auch bereits gebändigt ist, sondern überall. Sie besteht nicht mehr aus den schier unendlich erscheinenden Weiten der amerikanischen Wildnis, sondern aus den unendlichen Herausforderung, die es zu meistern gilt.[215] Auf allen Ebenen des Lebens.

2.1.2.6 Der *American Dream* in den einzelnen Romanen

Auch so mancher Protagonist der zu analysierenden Romane ist ein Held der Arbeit. Alle folgen auf ihrem eigenen Weg mit ihren individuellen Vorstellungen dem kollektiven Ziel 'Glück'. In allen Romanen ist es unter den Mythen der *American Dream*, der die Protagonisten am meisten beeinflusst, ihnen aber auch am meisten zusetzt.

---

211 Hahn 146.
212 Hahn 146.
213 Hahn 146.
214 Hahn 146.
215 John F. Kennedy, „Acceptance Speech to the Democratic National Convention on July 15 1960", Jfklibrary.org, 29. Nov. 2011 <http://www.jfklibrary.org/Events-and-Awards/New-Frontier-Award.aspx>.

2.1.2.6.1 *Der große Gatsby* – Eine Erfolgsstory?

Am offensichtlichsten scheint Jay Gatsby, die Titel gebende Hauptfigur des Romans *Der große Gatsby,* Charakteristiken des *American Dream* in sich zu vereinen. Er macht den Eindruck, als sei er die Personifizierung dieses Mythos – der *Self-Made Man in persona* sozusagen.

„Gatsby hat sich nach oben gekämpft, er ist ein Aufsteiger, ein Geldmensch"[216], schreibt Tilman Höss in *F. Scott Fitzgerald: Philosophie des Jazz Age.* Er nennt eine große Villa mit Pool und Gartengrundstück sein Eigen und scheint so von sich und seinem Erfolg eingenommen zu sein, dass er „seinen Besitzanteil an dem Stück Himmel über [sich] feststell[t]"[217], wie Erzähler Nick Carraway bei seiner ersten Begegnung mit ihm mutmaßt. Dies deutet bereits an, wie hoch hinaus Gatsbys Pläne reichen. Bei wilden Partys stellt er seinen Reichtum und seinen Erfolg durch diverse Statussymbole zur Schau: Er hat „zwei Motorboote"[218] und „[a]m Wochenende [wird] sein Rolls-Royce jedesmal zu einem wahren Omnibus, der von neun Uhr früh bis lange nach Mitternacht Gäste aus der Stadt her und wieder zurück befördert[…]."[219]

Seine Geschichte, die sich aus den Puzzleteilen rekonstruieren lässt, die der Roman den Lesern gestattet zusammenzulegen, ist auf den ersten Blick eine prototypische Erfolgsstory: Jay Gatsby heißt eigentlich James Gatz (er „hatte [seinen] Namen im Alter von siebzehn Jahren abgelegt"[220]) und stammt aus dem mittelwestlichen North-Dakota.[221] Der Name Gatz lässt auf eine Einwandererfamilie aus dem deutschsprachigen Raum schließen, die entweder erst kürzlich immigriert ist oder mental noch nicht so weit in den USA angekommen ist, dass sie ihren Namen amerikanisiert hat. Nicht so der Sprössling. Dieser vollführt, was seine Eltern versäumt haben: Die Namensänderung ist der erste Schritt zum Neuanfang in der neuen Welt. Auch sind die Gatzes keineswegs wohlhabend. „Seine Eltern lebten als kleine Farmer in dürftigen Umständen"[222]. Gatz kommt also von der unteren Schicht der amerikanischen Gesellschaft und so ist die Geschichte von Jay Gatsby auch eine *From Rags to Riches*-Erzählung: die Geschichte vom „kleinen Jungen aus der Provinz, der vom großen Glück träumte"[223]. Eine Abwandlung des Vom-Tellerwäscher-Zum-Millionär-Stereotyps. Als zukünftiger *Self-Made Man* verfolgt er,

---

216 Tilman Höss, F. Scott Fitzgerald: die Philosophie des Jazz Age (Frankfurt am Main: Lang, 1994) 40.
217 Fitzgerald 26.
218 Fitzgerald 43.
219 Fitzgerald 43.
220 Fitzgerald 101.
221 Fitzgerald 101
222 Fitzgerald 102.
223 Höss 42.

wie Benjamin Franklin, in jungen Jahren einen Plan über seine Vorhaben und seine erforderlichen Tugenden.[224]

Zunächst jagt Gatsby dem Traum vom Neuanfang in der neuen Welt und von der *happiness* durch Reichtum in Personifizierung von Dan Cody, einem alten „vielfache[n] Millionär"[225] nach. Als dieser stirbt und statt Gatsby dessen junge Gespielin das Vermögen erbt, wird Gatsby zunächst um den Reichtum, der ihm seiner Meinung nach zusteht, betrogen. Es ist ein erster Rückschlag in Gatsbys, bis zu den Ereignissen mit den Buchanans, fast makelloser Biografie. Dieses Ereignis lässt ihn aber auch erst zum *Self-Made Man* werden. Hätte er schlicht geerbt, hätte dieses Kriterium nicht auf ihn zugetroffen. So folgt er, an die Ideale von Freiheit, Gleichheit und Demokratie glaubend, unbeirrt seiner fixen Idee vom eigenen Glück und erschafft sich das radikal individuelle Ideal 'Jay Gatsby'. Der mittellose Gatz formt sich nach den Ideen des *American Dream* das Heldenabbild seiner Selbst:

> „James Gatz – so hieß er in Wahrheit oder zumindest vor dem Gesetz – hatte diesen Namen im Alter von siebzehn Jahren abgelegt, und zwar genau in dem Augenblick, der den Beginn seiner Karriere bezeichnete, als nämlich Dan Codys Jacht an der heimtückischsten flachen Stelle des Lake Superior vor Anker gehen wollte. Der junge Mensch, der da in einem verschlissenen Jerseyanzug und Leinenschuhen am Strand herumlungerte und den Vorgang beobachtete, hieß noch James Gatz, aber er war schon ganz der künftige Jay Gatsby, als er sich ein Boot nahm, zur >Tulomee< hinausruderte und Cody darüber aufklärte, dass er bei einem aufkommenden Wind binnen einer halben Stunde mit seiner Jacht zerschellen werde.
> [...]
> In Wahrheit war Jay Gatsby aus West Egg, Long Island, seinem eigenen Kopf entsprungen, eine
> Ausgeburt der platonischen Idee seiner selbst. [...]So formte er sich einen Jay Gatsby, wie er der Wunschphantasie eines Siebzehnjährigen entsprach, und blieb diesem Bild bis ans Ende treu.
> [...]
> Innerlich befand er sich [...] ständig in einem wilden Aufruhr. Nachts wurde er von den absonderlichsten und phantastischsten Wunschbildern heimgesucht. Ein ganzes Bacchanal unerhörter Genüsse geisterte durch sein Hirn [...]. Nacht für Nacht wob er neue Fäden in das Muster seines Wunschlebens [...]."[226]

Als Nick Carraway Gatsby kennenlernt, besitzt dieser viel Geld. Er ist somit in den Augen der meisten ihn umgebenden Menschen äußerst erfolgreich. Der Erfolg ist, laut *American Dream,* die erste Etappe auf dem Weg zum Ziel 'Glück'. Diese Etappe scheint gemeistert.

Doch nicht nur in Sachen Finanzen ist er erfolgreich. Auf seinen Partys verkehrt die illustre Gesellschaft der Ostküste und es scheint als wäre Gatsby der soziale Aufstieg in die High Society gelungen:

---

224 Fitzgerald 179.
225 Fitzgerald 103.
226 Fitzgerald 101 ff.

„Damals habe ich [Erzähler Carraway] mir in einem Kursbuch, [...], die Namen der Leute aufgeschrieben, die in jenem Sommer bei Gatsby verkehrten. [...] Von East Egg also kamen die Chester Beckers herüber, dann die Leeches und ein gewisser Bunsen, den ich aus Yale kannte, und Dr. Webster Civet [...]"

Diese Aufzählung der Partygäste Gatsbys setzt sich noch über fast zwei Seiten fort. Dass jedoch die „Kreise, [welche] sich Gatsbys Gastfreundschaft gefallen ließen [bestehend aus Ärzten, Yale-Alumni, etc.], ihm dafür den feinsinnigen Tribut zollten, nichts über ihn zu wissen", ist der Beweis für das Versagen der *Upward Mobility* im Fall Gatsbys. Wie sich zeigt, existiert in den meisten Fällen nicht einmal eine Bekanntschaft zwischen dem Gastgeber und seinen illustren Gästen. Selbst der Erzähler, der lediglich zufälliger Gast auf Gatsbys Partys ist - er ist dort nur, weil er der Nachbar ist - scheint mit den auf den Partys vertretenen Angehörigen der Oberschicht vertrauter zu sein als Gatsby selbst. Vielmehr nutzen die 'Reichen und Schönen' die Gastfreundlichkeit des Veranstalters aus, um sich auf dessen Kosten zu amüsieren. Im Gegenzug schmückt Gatsby sich mit ihnen, um sein Hauptziel zu verfolgen: Die Rückeroberung von Daisy Buchanan. Der einzige Grund, warum Gatsby diese Feste veranstaltet, ist seine Absicht, seine verflossene Liebe aus Militärtagen zu beeindrucken. Dieses Vorhabens wegen kauft er sich die Villa mit Pool und großem Garten, den Rolls Royce und stellt Gärtner und Hauspersonal an. Das Haus liegt nicht zufällig genau auf der anderen Seite des Sunds, vom Anwesen der Buchanans aus leicht auszumachen. „Es gilt als normal, die Angebetete durch die Zurschaustellung von Geld und Macht zu gewinnen, also gibt Gatsby sein Bestes"[227], kommentiert Höss die Brautwerbung. Der in seinen Augen geglückte Aufstieg in die 'feine Gesellschaft' dient ihm so nicht zur Mehrung seines Vermögens (wie Hebel die Absicht hinter der *Upward Mobility* charakterisiert) sondern, zumindest auf den ersten Blick – Gatsby interessiert sich nicht für andere Frauen - zur Erlangung des Glücks auf privater Ebene in einer ernsthaften Beziehung und Familiengründung mit Daisy – auch wenn dieses Vorhaben utopisch erscheint. (Wie die Beiden sich kennenlernen und ineinander verlieben, sich dann wieder einander annähern, wurde bereits im Kapitel *Happy American Family* – Der große Gatsby: *Die Bilderbuchfamilie* dargestellt.) Dieser Versuch der Rückeroberung ist jedoch nicht nur der Versuch Gatsbys, persönlich glücklich zu werden, sondern trägt auch den Willen zum endgültigen sozialen Aufstieg in sich. Diesmal durch eine Hochzeit mit Daisy. Sein Aufstieg in die höchsten Kreise soll sozusagen vor Gott und Vaterland abgesegnet sein:

---

227 Höss 44.

„Sie war das erste >feine< Mädchen, das er kennengelernt hatte. Bei verschiedenen Gelegenheiten, über die er sich nicht näher ausließ, war er schon mit solchen feinen Leuten in Kontakt gekommen, jedoch mit einem unsichtbaren Stacheldraht dazwischen."[228]

Eben diesen Stacheldraht versucht er durch die Heirat zu überwinden, da er „im Augenblick [des Kennenlernens] ein junger Mann ohne Vergangenheit und ohne einen Pfennig"[229] ist. Um dieses Ziel zu erreichen, ist ihm nahezu jedes Mittel recht und er kommt ab vom moralsicheren Weg des *American Dream*. „Hat Gatsby sich nicht um Daisys willen korrumpieren lassen, als er sich mit einem Wolfshiem einließ? Und würde er nicht, mit Daisy verheiratet, bald aufhören 'Gatsby' zu sein, und 'Buchanan' [Daisys Ehemann und bereits Mitglied der 'oberen Zehntausend'] werden?"[230], fragt Tilman Höss. Die Antwort ist, und bleibt man dabei in Gatsbys vermuteter Gedankenwelt, zweimal 'Ja': Um reich zu werden, hat er sich mit Kriminellen eingelassen. Dies hat er jedoch getan, um der Frau zu gefallen, durch deren Liebe er endgültig und wirklich der 'große Gatsby' würde, d.h. sich sein persönlicher *American Dream* erfüllte. Er hätte sein Ideal vom mit allen Wassern gewaschenen Self-Made-Millionär mit eigener Villa, diversen Statussymbolen sowie der hübschen Frau an seiner Seite erreicht. Der Plan der Rückeroberung und somit auch der des sozialen Aufstiegs scheitert jedoch an der Unnachgiebigkeit und dem arroganten Selbstbewusstsein und Besitzdenken von Daisys Ehemann und auch an der Sorglosigkeit derer im Umgang mit ihrem Verehrer. Daisy gehört zu den „leichtfertige[n] Menschen"[231]. Vor allem aber scheitert Gatsby an dem unverbrüchlichen Zusammengehörigkeitsgefühl der Buchanans durch ihre gesellschaftliche Klasse (oder „was immer das gemeinsame Band sein [mag], das sie so unverbrüchlich [zusammenhält]"232): „zwischen Daisy und mir gibt es Dinge, die sie nie erfahren werden"[233], herrscht Tom ihn einmal an. Gatsby ist und bleibt in den Augen beider ein „protzige[r] Neureicher"[234], der unter dem amerikanischen Geldadel nichts verloren hat.

Gatsbys Erfolg lässt sich zweifach interpretieren. Man kann sagen, dass er auf der Suche nach Glück durch Reichtum gescheitert ist und man kann sagen, dass er hierbei durchaus Erfolg hat. Nach erster Interpretation ist Gatsbys Leben keineswegs

---

228 Fitzgerald 153.
229 Fitzgerald 153.
230 Höss 51.
231 Fitzgerald 185.
232 Höss 93.
233 Fitzgerald 137.
234 Höss 41.

die tadellose Erfolgsstory, als die sie zunächst erscheint und als die er sie den Anderen verkaufen will. Er ist durch Alkoholschmuggel reich geworden und ein Mann „der mit Gangstern wie Wolfshiem verkehrt"[235]. Nach der moralischen Auslegung des *American Dream* ist er also gescheitert. Das Verbrechen Alkoholschmuggel steht im krassen Gegensatz unter anderem zu seiner Tugendliste aus jungen Jahren und zum puritanischen Tugendideal des *American Dream*. Gatsby hat bei seinem Aufstieg den Mythos der unbegrenzten Möglichkeiten und dem individuellen Streben nach Glück falsch ausgelegt oder sich schlichtweg über deren Beschränkungen hinweg gesetzt. Er hat nicht beachtet, dass das Handeln auch immer moralisch akzeptabel und vor Gott vertretbar sein sollte und dass Erfolg durch harte, moralsichere Arbeit und nicht durch Gesetzesübertretungen zustande kommen sollte.

Auf der anderen Seite macht er sich bei seinem Tun lediglich nicht nur den freien Markt der USA zu eigen, sondern nutzt einen hyperfreien Markt: den von jeglicher staatlicher Kontrolle entbundenen und nur vom Recht des Stärkeren bestimmten Schwarzmarkt; Auch eine durch die Prohibition entstandene *'New Frontier'* (ein Anachronismus, doch das Prinzip stimmt) macht er sich zu Nutze: Durch das Alkoholverbot bieten sich Möglichkeiten, exorbitante Gewinne mit den leicht erhältlichen, etwa aus dem Nachbarland Kanada importierten, Alkoholika zu erzielen. So wird die (Geschäfts-)Politik den Gegebenheiten der Stunde angepasst und die Situation bestmöglich genutzt. Nach der anderen Auslegung des *American Dream* und der *Frontier*-These ist Gatsbys Erfolg also legitim erworben. Dies zeigt nur eine Ebene, auf welcher der Mythos widersprüchlich ist.

Doch eine Demontage des Mythos ist, dass Gatsby durch das Erlangen von Reichtum keine neue Würde erhält, kein erhöhtes Selbstwertgefühl erlangt, wie das nach Kerrs Auslegung des Mythos der Fall sein sollte. Höss „belächel[t] Gatsbys Naivität, die Unsicherheit hinter den großen Gesten"[236], etwa wenn er „sich beim Rendezvous mit Daisy in Carraways Haus"[237] ‚'wie ein kleiner Junge'"[238] benimmt oder sich „in der Plaza-Suite-Szene [… von Tom] einfach abservieren"[239] lässt: ‚'Ich denke, es ist ihm klargeworden, dass es mit dem kleinen Flirt, den er sich angemaßt hatte, vorbei ist'."[240] Anders als das, als was er sich gerne sähe, wirkt Gatsby in

---

235 Höss 40.
236 Höss 41.
237 Höss 40.
238 Fitzgerald 91.
239 Höss 41.
240 Fitzgerald 139.

diesen Szenen wahlweise wie ein unsicheres Kind oder ein geprügelter Hund. Von Selbstbewusstsein und Würde kann keine Rede sein.

Höss ist es auch, der auf die allegorische Ebene des Romans hinweist: „[A]uf der einen Seite bezeichnet 'Gatsby' die Hauptfigur des Romans [...] und auf der anderen Seite eine Idee, die diese Figur verkörpern soll".[241] Der Roman spielt auf einer „symbolischen und auf einer realistischen [Ebene], die sich in der Figur des Gatsby überlagern."[242] Diese Überlagerung beider Ebenen führt zu einer „Auseinandersetzung mit dem amerikanischen Traum".[243] Denn es geht „um weitaus mehr als nur um ein Einzelschicksal".[244] Das „Ich-Ideal eines Menschen, der erschossen im Swimmingpool endet [Gatsby wird von Myrtle Wilsons Ehemann ermordet], [verwandelt sich] in das Leitbild einer Epoche, und aus Gatz' Traum von 'Gatsby' wird der Traum von Freiheit und Glück im gelobten Land Amerika"[245]. Dies und wie der Traum letzten Endes zum Scheitern verurteilt ist, personifiziert sich in den Geschicken der Figur des Jay Gatsby. 'Traum' ist so auch wirklich als Traum, nämlich als illusorisch und irreal zu verstehen.

Ganz so einfach ist es jedoch nicht: Gatsby wird

> „als Emporkömmling entzaubert, andererseits wird James Gatz, der Emporkömmling, als Verkörperung des amerikanischen Traums mystifiziert; aus dem amerikanischen Traum wird der Traum eines Emporkömmlings, doch andererseits wird aus dem Traum eines Emporkömmlings ein Menschheitstraum vom Glück".[246]

„[Z]umindest den Wunsch, glücklich zu werden, [durch die Hochzeit mit Daisy und nicht zuletzt den damit verbundenen sozialen Aufstieg] teilt [Gatz/Gatsby] mit anderen".[247]

> „Und insofern hat The Great Gatsby eine einfache Botschaft: Wer die Größe des amerikanischen Traums beschwört, muß [sic!] auch den kleinen James Gatz schlucken, und wer den kleinen Gatz verurteilt, [der mit Alkoholschmuggel zu Wohlstand gelangt], kann es nicht tun, ohne auch über 'Amerika' den Stab zu brechen: Im Konzert der großen Mächte war die amerikanische Demokratie ein Emporkömmling wie Gatsby auf Long Island [...]."[248]

---

241 Höss 42.
242 Höss 42.
243 Höss 42.
244 Höss 41.
245 Höss 42.
246 Höss 42.
247 Höss 42 f.
248 Höss 43.

(Höss' weltpolitische Interpretation soll im weiteren Verlauf außen vor bleiben, durch die Anführung lediglich auf weitere mögliche Interpretationen des Romans hingedeutet werden.) Im Kern ist die Aussage des Romans, nach Höss' Lesart, dass die Grundidee des amerikanische Traums, das Streben nach Glück, durchaus gut ist; Seine Protagonisten jedoch durch die Mächte und Menschen, die sich ihnen bei dessen Realisierung in den Weg stellen sowie auf Grund der monetären Ausrichtung und der Widersprüchlichkeit des Mythos schnell von der Realität eingeholt werden:

> „[...] Fitzgerald gelingt [es], den Traum von Geld und Erfolg zu kritisieren, ohne den Traum von Freiheit und Glück gleich mit zu erledigen, denn anstatt uns jemanden vorzuführen, der dem Mammon dient und dafür in die Hölle kommt, [...], beschreibt er eine komplexe Realität, in der die Begriffe von Freiheit und Glück zwar nicht in denen von Geld und Erfolg aufgehen, Freiheit und Glück ohne Geld und Erfolg aber leicht zur Phrase werden. Darüber hinaus stellt die Doppelwertigkeit Gatsbys einen Versuch dar, der Widersprüchlichkeit des amerikanischen Traums und der Epoche seiner scheinbar ungebrochenen Vitalität gerecht zu werden; sie entspricht der *Realität* des amerikanischen Traums, d.h. dem Verhältnis von Egoismus und Altruismus, Materialismus und Idealismus in der amerikanischen Geschichte.
> [...]
> Denn wenn Fitzgerald den amerikanischen Traum kritisiert, dann nur deshalb, weil die Menschen, die ihn träumen, nicht mehr frei und glücklich werden. Daß [sic!] die Menschen dazu auf der Welt sind, ist ihm so verständlich wie [Thomas] Jefferson"[249]

Wie schnell Freiheit und Glück ohne Geld und Erfolg zur Phrase werden können, zeigt sich auch am im Roman dargestellten Verhältnis von der Oberschicht zur Mittelschicht. Tom und Daisy sowie Jordan Baker sind die Protagonisten des Geldadels, jener Klasse, die von den unsichtbaren Schranken Geld und Einfluss vom Rest der Amerikaner abgeschottet ist. Jene Klasse, zu der viele gehören wollen und nur wenige dürfen. Carraway und Gatsby aber auch Myrtle Wilson und ihr Ehemann repräsentieren die Mittelschicht. Kritisiert wird jedoch vor allem die Oberschicht, die an sich die Verkörperung bzw. das logische Endprodukt des *American Dream* ist, da deren Angehörige bereits reich sind und demzufolge, den Maßstäben des Mythos entsprechend, glücklich sein müssten:

> „Sie waren eben leichtfertige Menschen, Tom und Daisy – sie zerschlugen gedankenlos, was ihnen unter die Finger kam, totes und lebendiges Inventar, und zogen sich dann einfach zurück auf ihren Mammon oder ihre grenzenlose Nonchalance oder was immer das gemeinsame Band sein mochte, das sie so unverbrüchlich zusammenhielt, und überließen es den anderen, den Aufwasch zu besorgen ..."[250]

---

249 Höss 43.
250 Fitzgerald 185.

Höss schreibt:

> „in Fitzgeralds Roman sehen wir seine Helden auf der Suche nach der Elite ihres Landes, der sie nacheifern und angehören wollen; [Sie halten] die Reichen für Vorbilder. Also erzählt Fitzgerald, wie seine Mittelständler von der Oberschicht [...] für ihre Zwecke eingespannt werden."[251]

Der Gipfel der Hybris der Reichen und ein gutes Beispiel dafür, wie sie die gesellschaftlich unter ihnen Stehenden 'für ihre Zwecke einspannen', zeigt sich an Toms Gebaren nach dem Tod Gatsbys und nach der Affäre mit seiner zu Tode gefahrenen Geliebten Myrtle Wilson:

> „'Dieser Bursche [Gatsby] war ja sowieso erledigt. Er hat dir nur Sand in die Augen gestreut, ebenso wie er Daisy blauen Dunst vorgemacht hat, aber er war ein ganz Gerissener. Er hat Myrtle wie einen Hund überfahren und hielt dann nicht einmal an'"[252],

sagt Tom Buchanan zu Carraway als beide sich am Ende des Romans wiedersehen, nachdem Gatsby vom eifersüchtigen Ehemann der Wilson erschossen wurde. „Darauf war nun nichts zu erwidern außer der einen ungeheuerlichen Tatsache, dass das nicht wahr war"[253], erbost sich Carraway über die Aussage Toms. Denn nicht Gatsby fährt das Unfallauto und begeht Fahrerflucht, sondern Daisy. Diesen Fakt unterschlägt sie ihrem Mann entweder oder beide einigen sich darauf, die falsche Version zu verbreiten. Das wird nicht klar.

> „'Und wenn du etwa denkst, ich hätte nicht auch mein Teil abbekommen – hör zu: als ich hinging, um diese Wohnung aufzulösen [, welche er Myrtle Wilson bezahlt hatte], und die verflixte Büchse mit Hundekuchen auf dem Bord stehen sah, da setzte ich mich hin und weinte wie ein kleines Kind. Weiß Gott, es war entsetzlich."[254]

Es wird nicht genau klar, weswegen Tom weint: Ist es wegen Myrtles oder Gatsbys Tod oder wegen des Hundes, den er seiner Geliebten geschenkt hat (der Auslöser für sein Weinen ist offensichtlich die Hundekuchendose)? Es spielt auch keine besondere Rolle. Wichtig ist, dass diese Reaktion Toms mehr als zynisch ist: Er muss weinen, hat einen Nervenzusammenbruch, dass das ein Schlag ins Gesicht für einen groben und absolut von sich selbst überzeugten Menschen wie ihn ist, kann man noch zugestehen; Seine Geliebte aber ist tot; Gatsby, als der vermeintlich Schuldige am Tod Myrtles, wird von deren Ehemann erschossen, der noch dazu von

---

251 Höss 93.
252 Fitzgerald 185.
253 Fitzgerald 185
254 Fitzgerald 185.

Tom und nicht von Gatsby gehörnt wurde und an dessen Gram nicht Gatsby, sondern Toms Frau Daisy die Schuld trägt. Dieser Vergleich Toms eines Nervenzusammenbruchs auf der einen mit zwei toten Menschen auf der anderen Seite und die Aussage, er habe auch seinen 'Teil abbekommen', zeigt die Hybris, den Zynismus und die Gleichgültigkeit der Oberschicht der Mittelschicht gegenüber.

Dies bestätigt sich im weiteren Verlauf des Gesprächs: Gatsby wird von Tom, wissentlich oder unwissentlich, an Wilson verraten bzw. denunziert, so dass dieser sein todbringendes Werk überhaupt erst vollführen kann: „'Ich habe ihm die Wahrheit gesagt', […]. Er war so von Sinnen, dass er mich bestimmt umgelegt hätte, hätte ich ihm nicht gesagt, wem der Wagen gehörte.'"[255] Zumindest indirekt ist Buchanan an Gatsbys Tod schuld.

Carraway wendet sich von Buchanan ab: „Ich konnte ihm nicht verzeihen, und ich konnte ihn auch nicht mehr gern haben, aber ich sah ein, dass ihm alles, was er getan hatte, vollkommen gerechtfertigt erscheinen musste. "[256] Ob Tom es als gerechtfertigt ansieht, weil er nichts von Daisys Beteiligung weiß oder aber, weil er Gatsby und Myrtle Wilson, den Mittelständlern, kaum einen Wert beimisst und ihr Tod ihm nichts bedeutet, wird zwar nicht näher erörtert. Hier zeigt sich jedoch die Hybris der 'oberen Zehntausend' besonders.

Höss macht in „Fitzgeralds Werk […] regelrechte Kulturkämpfe zwischen den Vertretern der Oberschicht und der Mittelschicht"[257] aus:

> „Diesem mittelständischen Helden [Gatsby] steht nun mit dem Gegenspieler [Tom] und dem Mädchen [Daisy] eine Oberschicht gegenüber, für die die Werte des Bürgertums keinen Sinn mehr ergeben. Denn die Ideale des Helden stellen einen Entwurf auf eine bessere Zukunft hin dar: er lebt in der ständigen Vorwegnahme des Erfolgs; auch seine Liebe […] weist in die Zukunft und zielt im Grunde auf Familienleben und Kinderkriegen ab. Doch die Oberschicht hat die Phase des Aufstiegs bereits hinter sich, und so leben die Reichen in der Gegenwart: die Reichen sorgen nicht mehr vor, sondern bemühen sich, das Beste aus dem Augenblick herauszuholen; da es ihnen an Perspektive für die Zukunft fehlt, glauben sie nicht an die Liebe, sondern an den Sex, nicht an die Arbeit, sondern an den Konsum."

Das Bild einer saturierten, zynischen und dekadenten Oberschicht ist am besten in eben jener 'Leichtfertigkeit' zu erkennen, mit der Tom und Daisy sich ihrer Nebenbuhler und verschmähten Liebhaber entledigen und/oder deren Entledigung billigend akzeptieren.

---

255 Fitzgerald 185.
256 Fitzgerald 185.
257 Höss 93.

Letzten Endes ist der Roman mit allen seinen den *American Dream* betreffenden Komponenten, auch wenn Höss lediglich von Kritik spricht, eine Demontage des Mythos *American Dream* und seiner diversen Untermythen, wie *Self-Made Man* und *Frontier*. Das Motiv des Strebens nach Freiheit und Glück wird zwar als gut und richtig akzeptiert, aber das dem Mythos eigene Hauptcharakteristikum, wie dieses Glück erreicht werden soll, über ökonomischen Erfolg und sozialen Aufstieg, wird umso mehr kritisiert. All sein Geld und durch Partys und Statussymbole erworbenes zweifelhaftes Ansehen hilft Gatsby nicht – am Ende liegt er tot in seinem Pool. Zudem wartet auf den *American Dreamer* 'am Ende des Regenbogens' nicht bloß ein Schatz, sondern auch die mit dem Reichtum des Schatzes verbundenen Fallstricke: Dekadenz, Hybris und Korruption. So ist *Der große Gatsby* auch eine Aufforderung, Glück abseits des ausgetretenen Weges zu suchen und eben nicht den des amerikanischen Traums zu beschreiten. Auch kann die Aussage gelten, dass nicht das Glück das Ziel ist, sondern das einzige Ziel der Weg selbst ist, denn sobald die amerikanischen Träumer das Ziel erreicht haben, werden sie zu Angehörigen der kritisierten Oberschicht.

2.1.2.6.2 *Amerikanisches Idyll* – Fall einer Familie, Fall einer Stadt und Fall eines Mädchens

Die Stadt Newark nimmt in *Amerikanisches Idyll*, wie in vielen anderen Werken Philip Roth', als Setting eine besondere Position ein. Es ist diese Stadt, in welcher die Romanprotagonisten, in vorliegendem Fall die Familie Levov, nach Glück streben und in welcher sie ihre Erfolge und Niederlagen feiern. Die Stadt selber und viele in ihr lebende Menschen werden jedoch von der Nicht-Einlösung des *American Dream* getäuscht und verraten.

Der persönliche Niedergang der Levovs, es ist eher ein privater denn ein finanzieller, geschieht zur gleichen Zeit wie der Fall der Stadt Newark in den späten 1960ern und frühen 1970ern: Rassenunruhen innerhalb der Stadtgrenzen und der Verlust der industriellen Basis zeichnen die Stadt schwer. Im größtmöglichen Sinn spiegeln die Auflösung der Familie und der städtische Niedergang den Fall Amerikas simultan in der selben Zeitperiode, von der Präsidentschaft Lyndon Baines Johnsons bis zu der von Richard Nixon[258]. Der Fall Levov ist von privater Natur, der Fall der Stadt

---

258 Andrew Gordon, „The Critique of the Pastoral, Utopia, and the American Dream in *American Pastoral*", *Philip Roth – American Pastoral, The Human Stain, The Plot Against America*, Hg. Debra Shostak (New York: Continuum, 2011), 33.

kommerzieller Natur, aber für beide Parteien bedeutet es das Selbe: Sie werden vom Glück verlassen, das Ziel des *American Dream* wird ihnen genommen.

Die Männer der Familie Levov sind nicht nur auf den ersten Blick, wie bei Gatsby, Prototypisierungen des *Self-Made Man* - sie sind die wirkliche Personifikation dieses Ideals. Die Geschichte der Levovs ist von Einwanderung und Aufstieg geprägt. Lou und seine Frau sind beide erst in der zweiten Generation in den USA und „Mr. Levov zählte zu den im Slum aufgewachsenen jüdischen Vätern"[259]. Der Migrantensohn schafft aus dem Nichts, durch harte Arbeit und unter Nutzung der in den USA gegebenen Infrastruktur den Neuanfang mit seiner Handschuhfabrik Newark Maid – es ist wieder eine klassische *From Rags to Riches*-Erfolgsgeschichte. Lou Levov arbeitet hart für den Erfolg. Er befasst sich mit den Produktionsabläufen und wird dadurch zum Meister des Handschuhfachs:

> „'Mann kann die Häute [für Handschuhe] aufpökeln, aber Pökelsalz ist teuer. [...] Eine andere Methode sieht so aus, dass man die Häute auf Bretter oder Rahmen spannt, kleine Einschnitte macht, sie noch einmal festzurrt und dann im Schatten trocknen lässt. [...] Es wird mit etwas Flint bestreut [...]."[260]

Auch der Schwede scheut die harte Arbeit der Handschuhmacherei nicht und wird von seinem Vater in dieses Geschäft eingeführt:

> „[Statt professionell Football zu spielen,] geht er in die Central Avenue und arbeitet für Newark Maid. Als erstes hat mein Vater ihn in eine Gerberei gesteckt. Schickt ihn für sechs Monate in eine Gerberei in der Frelinghuysen Avenue. Muss sechsmal die Woche um fünf Uhr morgens aufstehen. [...] Eine Gerberei ist ein Drecksloch. [...] Nun, als Seymour mit seiner Ochsennatur die Gerberei überstanden hat, setzt mein Vater ihn für weitere sechs Monate an eine Nähmaschine, und Seymour gibt keinen Mucks von sich. Sondern wird einfach zum Meister an dieser verfluchten Nähmaschine."[261]

Der Schwede tritt in die Fußstapfen des Vaters. Er wird zum genauen Abbild seines Erzeugers, steigert dessen Erfolg jedoch noch mit seinem Aussehen und Geschäftssinn:

> „Bei Newark Maid [war er] erfolgreich wie kein Zweiter. Hat mit seinem Charme eine Menge Leute dazu gebracht, sich voll und ganz für die Firma einzusetzen. Ein sehr geschickter Geschäftsmann. Konnte Handschuhe machen. Hatte gute Beziehung zu den Modeleuten auf der Seventh Avenue. [...] In New York ist er dauernd in die Kaufhäuser gegangen, hat sich bei der Konkurrenz umgesehen, [...] und auch sonst alles getan, was [sein] alter Herr ihm beigebracht hat."[262]

---

259 Roth 20.
260 Roth 51.
261 Roth 105.
262 Roth 97.

Er bleibt geschäftlich 'am Ball' und ist darin sehr gerissen:

> „Als Geschäftsmann war der Schwede recht geschickt, und hinter der freundlichen
> Fassade des geselligen Biedermannes konnte er – aus seiner freundlichen
> Fassade Vorteil ziehend – notfalls so raffiniert und berechnend sein, wie es das
> Geschäft gerade erforderte."[263]

Er ist nett zu Angestellten und Kunden gleichermaßen, ist für viele, Zuckerman über
weite Strecken eingeschlossen, ein wahrer Held der Arbeit (dies hat jedoch auch mit
seiner fulminanten wenn auch kurzen Karriere als Sportler zu tun). Sein
Gemeinschaftssinn beweist: den Sozialdarwinismus schreibt der Schwede sich, auf
den ersten Blick zumindest, nicht auf die Fahnen - er ist ein „ernster Mensch, für den
die anderen stets vor ihm selbst [kommen]"[264].

Auch macht ihn seine Militärausbildung bei den U.S. Marines während des Zweiten
Weltkriegs zu einem, wenn auch nur potentiellen, Verteidiger der Grundwerte von
Freiheit und Demokratie (er ist für keinen Kampfeinsatz vorgesehen und wird, wegen
seiner Sportlichkeit, in den USA behalten und zum Militärausbilder beordert).

Anders als Gatsby würde es ihm auch nicht im Traum einfallen, Gesetze zu
übertreten. Der Schwede verdient sich seinen Wohlstand schlichtweg mit seinem
ehrlichen Handwerk. Er achtet dabei darauf, tugendhaft zu bleiben, von einer 'der-
Zweck-heiligt-die-Mittel-Mentalität' ähnlich der der Großindustriellen Rockefeller und
Vanderbilt, hält er nichts. Er macht sich, wie es der Mythos verlangt, die Vorteile der
Demokratie, der Gleichheit und der freien Marktwirtschaft zu eigen und wird, im 'Land
der unbegrenzten Möglichkeiten' anscheinend schwerlich zu vermeiden, reich. So
sind die Levovs eine Sippe,

> „deren Reichtum [nichts] anderes als das Ergebnis beharrlichen Fleißes dreier
> Generationen [ist]. Drei Generationen von Männern, die im Dreck und Gestank von
> Gerbereien auf einer Stufe und Seite an Seite mit den niedrigsten der Niedrigen
> angefangen hatten [...]."[265]

Den Seymour Levovs fehlt es so auch an nichts, was eine typische amerikanische
Familie der oberen Mittelschicht ihrer Zeit an Gütern und Dienstleistungen anhäufen
und kaufen kann: Sie wohnen, ganz dem pastoralen Ideal entsprechend, in der
Kleinstadt Old Rimrock, dort in der Arcady Hill Road in dem Haus, welches der
Schwede schon als Jugendlicher zu seinem persönlichen Traumhaus erkoren hat;
Merry bekommt sofort einen Logopäden als sie zu stottern anfängt (zudem geht „[e]r

---

263 Roth 330.
264 Roth 114.
265 Roth 295.

[...] mit ihr in Kliniken [und zum] Psychiater[...]."[266]) und Dawn kann sich einer teuren Schönheitsoperation, dem „Facelifting in der Genfer Klinik"[267], unterziehen. Die Levovs leben ruhig und beschaulich und können sich scheinbar jeden materiellen Wunsch erfüllen.

Der Schwede bleibt dabei einem radikalen Ideal des Individualismus fern. Die einzige Ungehörigkeit, die er sich leistet, ist die Heirat mit Dawn Dwyer, einer *shiksa*, einer Nichtjüdin. Ansonsten passt er sich an, assimiliert sich, lebt sozusagen im Herzen des *melting pot:* Er war einst Sportstar auf der High School und heiratet eine ehemalige Schönheitskönigin; Er ist erfolgreicher Geschäftsmann und Vater einer Tochter; Seine Familie wohnt in einer Kleinstadt. All dies sind die Attribute des durchschnittlichen, erfolgreichen und somit auch idealen Amerikaners. Auf der Suche nach dem Glück ist der Schwede lediglich in dem Maße individuell, dass er eine Handschuhfabrik besitzt. Mit dieser Ausnahme und seiner sonstigen Anpassung sucht er wiederum das Gleiche wie all die Anderen: das Glück.

Der Niedergang der Levovs spielt sich jedoch nicht in den finanziellen Parametern des *American Dream* ab. Der Fall der Familie ist von persönlicher Natur, denn sie wird nicht von Armut, sondern vom Verschwinden der *happiness* aus ihrem Leben heimgesucht. Die Familie wird durch den politischen Terrorismus der einzigen Tochter zerstört. Des Schweden und seiner Familie Streben nach Glück findet sein jähes Ende - die Einzelheiten darüber wurden im Kapitel über die glückliche Familie bereits eingehend beschrieben - und verkehrt sich ins Gegenteil: Die Levovs werden kreuzunglücklich, die Familie wird zerstört, als einziger Ausweg aus ihrem Elend sehen Seymour und Dawn nur mehr die Scheidung; das allem übergeordnete Ziel 'Glück' hat sich in das Gegenteil verkehrt, die Versprechungen des *American Dream* sind somit null und nichtig. Andrew Gordon schreibt, dass all des Schweden Hoffen verwirkt ist und sein Leben komplett aus den Fugen läuft. Der Schwede wacht in der grausamen Realität auf[268].

So zeigt sich in *American Pastoral* am Beispiel des Schweden und seiner Familie, dass Glück nicht käuflich ist und Reichtum die Menschen nicht vor den Widrigkeiten des Lebens feien kann. Gordon schreibt weiter, dass, Roth den amerikanischen Traum in seinem Roman als ultimative amerikanische Utopie, als Fantasiegebilde attackiert[269]. Anders als in *Der große Gatsby*, wo das Streben nach Glück noch als

---

266 Roth 106.
267 Roth 258.
268 Gordon 40.
269 Gordon 36.

richtig propagiert wird, lediglich das Streben nach Reichtum und die Saturiertheit mit diesem als der falsche Weg deklariert wird, ist es nicht nur jenes Streben nach Reichtum, welches in *Amerikanisches Idyll* angeprangert wird. Hier ist es das Streben nach Glück selbst, das in die „Verzweiflung der Gegenidylle"[270] führt.

Neben dem kollektiven Schicksal der verschiedenen Levovs sind aber auch die Schicksale von Merry Levov und der Stadt Newark interessant. Merry hat als Tochter ihres Vaters die materiell gewordenen Verheißungen des *American Dream* bereits in die Wiege gelegt bekommen. Sie ist ein Kind reicher Eltern, hat jegliche Vorteile, die ein solches in den USA zu jener Zeit nur haben kann. Sie braucht nicht mehr hart zu arbeiten oder auf einen Neuanfang zu hoffen. Dennoch verkehrt sie den amerikanischen Traum in einen amerikanischen Alptraum.Andrew Gordon schreibt, dass die vielleicht bitterste Kritik am amerikanischen Traum oder besser gesagt an den Fantasien, die den unerreichbaren Traum aufrechterhalten, in jener Passage stattfindet, in der der Schwede auf seine in Gesetzlosigkeit lebende Tochter Merry wartet, die fünf Jahre nach dem Anschlag von Old Rimrock unter falschem Namen in Schmutz und Gefahr in den Slums von Newark lebt[271].

> „Über und hinter dem Dach ihres Hauses erblickte er, nur eine halbe Meile entfernt, die Skyline des Newarker Geschäftsviertels und die drei […] tröstlichsten Worte der englischen Sprache; sie strömten von jener anmutigen Klippe, die einst der Brennpunkt einer brodelnden City gewesen war – zehn Stockwerke hoch kündeten die gewaltigen, nüchternen weißen Buchstaben von finanzieller Zuversicht und institutioneller Beständigkeit, von städtischem Fortschritt, Unternehmergeist und Stolz, unverwüstliche Lettern […]: FIRST FIDELITY BANK.
> Das war geblieben: eine Lüge. First. Erste. *Letzte*. LAST FIDELITY BANK. Von hier unten, wo seine Tochter jetzt lebte, […] - wo seine Tochter gar noch schlechter lebte als ihre unerfahrenen Urgroßeltern, die, frisch vom Zwischendeck, eine Mietwohnung in der Prince Street [in den Slums] bezogen hatten -, sah man auf dieses riesengroße Firmenschild, das nur dazu da war, die Wahrheit zu verschleiern. Ein Schild, dem nur ein Irrer glauben konnte. Ein Schild aus einem Märchen."[272]

Gordon interpretiert die Passage dahingehend, dass, wie die Legende von *Johnny Appelseed*, die Roth einige Seiten zuvor thematisiert, die 'First Fidelity Bank' bloß eine weitere Requisite des *American Dream* ist, lediglich eine Erzählung, ein Märchen, in dessen Glauben die Menschen versuchen, ihr Leben auf den Erfolg hin voranzutreiben. In der Passage wird deutlich, dass sich der Traum von der Assimilation und der *Upward Mobility* der amerikanischen Immigranten und dem

---

270 Roth 124.
271 Gordon 39 f.
272 Roth 326.

finanziellen Erfolg tot läuft, so dass des Schweden Tochter nach vier Generationen in den USA 'noch schlechter lebt als ihre unerfahrenen Großeltern'.[273]

Auch für die Industriestadt Newark hat der *American Dream* seine Tücken. So wie für die Levovs die 1960er und 1970er Jahre die Hölle und die 1940er Jahre der Himmel sind[274], gilt dies auch für die Stadt. Deren Aufstieg ist eng mit dem Aufstieg der Levovs verbunden. Der Erfolg der Newark Maid Handschuhfabrik spiegelt den Aufstieg ihrer namensgebenden Stadt zu einer der größten Industriemetropolen der Vereinigten Staaten wider. Es ist die Zeit, in der der Schwede als Geschäftsmann aufblüht, als Newarker Geschäftsleute es sich leisten können, Trends aus der Modehauptstadt New York abzuschauen und es Großaufträge regnet[275].

Die 1960er Jahre bringen die ersten Risse in das Bild der prosperierenden, die Bürger mit Arbeitsplätzen versorgenden Stadt. Es fängt mit den „Unruhen von 67"[276] an: „Randalierer"[277] mit „Fackeln"[278] treiben ihr Unwesen im Gewerbegebiet. Sie werden allein dadurch abgehalten, auch Newark Maid zu verwüsten, dass Schilder mit der Aufschrift „'Die meisten Beschäftigten in dieser Fabrik sind NEGER"279, aufgestellt werden. Was zur Folge hat, dass

> „[z]wei Nächte darauf sämtliche Fenster, in denen dieses Schild zu sehen war, von einer Bande weißer Jugendlicher zerschossen [werden], bei denen es sich entweder um Angehörige der Bürgerwehr aus dem Norden Newarks handelte oder, […], um Newarker Polizisten in einem nicht gekennzeichneten Auto."[280]

Die Bevölkerung Newarks verliert sich im Klassen- und Rassenkampf und die Stadtverwaltung geht sogar so weit, einen Panzer vor die Newark Maid Fabrik zu stellen[281]. Diese Auseinandersetzungen zwischen Afro-Amerikanern und Weißen sind nicht zuletzt den falschen Versprechungen des *American Dream* geschuldet. Wagte Martin Luther King jr. im Jahr 1963 noch von Vereinigten Staaten zu träumen, in denen jeder Mensch die gleichen Chancen erhält, entlädt sich die Wut über die Nicht-Einlösung dieses 'Schecks' seitens der Regierung, wie Luther King jr. die Versprechungen des Mythos in seiner Rede metaphorisch formuliert hatte, in den Ausschreitungen der Afro-Amerikaner gegen das etablierte weiße Amerika. Dazu

---

273 Gordon 40.
274 Gordon 41.
275 Roth 97
276 Roth 224.
277 Roth 224.
278 Roth 224.
279 Roth 224.
280 Roth 224 f.
281 Roth 225.

gehören auch die Newarker Fabrikbesitzer. Es ist der pure Zorn der Unterdrückten darüber, trotz ihrer Einhaltung der Grundprämissen des *American Dream*, was unter anderem harte Arbeit in den Fabriken der Weißen involviert, nicht in gleicher Weise diese ihre Schecks einlösen zu können, wie es diese seit Jahrhunderten können. Die Weißen sind es wiederum auch, die nicht nur nichts gegen den Mangel an Chancengleichheit unternehmen, sondern auch noch versuchen, diesen Mangel aufrecht zu erhalten. Die Unruhen sind der erste Schritt zum Niedergang Newarks.

Der nächste Schritt und gleichzeitig der Todesstoß ist die Abwanderung der Industrie nicht nur aus der Stadt, sondern aus dem Land. Das Wort 'Globalisierung' gibt es in der erzählten Realität, namentlich die ausgehenden 1960er Jahre, noch nicht, doch die ersten Fabriken siedeln bereits wegen der billigeren Produktionskosten nach Puerto Rico und Mexiko um. Es gibt einen „Exodus der noch nicht niedergebrannten Betriebe"[282] und selbst der Schwede liebäugelt mit der Möglichkeit, die Handschuhproduktion in die Tschechoslowakei zu verlagern.[283] Der Schwede ist zunächst „fest entschlossen […], nicht aus Newark fortzugehen und seine schwarzen Beschäftigten im Stich zu lassen".[284] Und dies trotzdem Lou Levov „seinen Sohn dräng[t], endlich zu verschwinden, bevor ein zweiter Aufstand den Rest der Stadt in Trümmer legt."[285] Dies hat aber längst nicht so altruistische Motive, wie es zunächst scheinen mag: Newark Maid bleibt nur aus dem einen Grund: Der Schwede hat Angst,

> „dass Merry [von der extremen Linken], wenn er sich dem Exodus […] anschlösse, endlich ein unschlagbares Argument gegen ihn in die Hand bekäme. *Die Schwarzen und die Arbeiterklasse und die Armen aus purer Selbstsucht und Raffgier zu Opfern machen!* [hört er sie schon sagen]"[286]

Denn er wäre „damals - wie heute, ohne zu zögern weggezogen"[287] und so ist „er [einige Jahre später] zuversichtlich, dass der Fortgang aus Newark nur noch eine Frage der Zeit"[288] ist. Die Passage stellt auch die eingangs erwähnte und als zweifelhaft deklarierte Integrität des Schweden als Unternehmer und damit seine Moral in Bezug auf seine soziale Verantwortung in Frage.

---

282 Roth 226.
283 Roth 300.
284 Roth 226.
285 Roth 227.
286 Roth 226.
287 Roth 226.
288 Roth 301.

Durch die Abwanderung wird Newark zu einer „heruntergekommenen Stadt"[289], zu einer „müde[n] Industriestadt[, die] sich seit Jahren nicht davon abhalten [lässt], ihrer Hässlichkeit ein Denkmal zu setzen".[290] Folgende Passage kann exemplarisch für den Niedergang nicht nur von Newarks industrieller Basis, sondern von großen Teilen der gesamten amerikanischen Industrie gelten:

> „Die düsteren alten Fabrikgebäude an der Ostseite der Straße, Gebäude aus der Zeit des Bürgerkriegs, Gießereien, Schmiedewerke, schwerindustrielle Anlagen, geschwärzt von hundert Jahren Rauch aus qualmenden Schloten – hatten keine Fenster mehr, Ziegel und Mörtel sperrten die Sonne aus, die Ein- und Ausgänge waren mit Schlackensteinen zugemauert. […] [D]iese Fabriken aus dem 19. Jahrhundert, die Menschen gefressen und Waren ausgespuckt hatten, waren jetzt hermetisch versiegelte Gräber. Und in diesen Gräbern lag Newark, eine Stadt, die sich nie wieder regen würde."[291]

In der Stadt Newark findet der *American Dream* für die Menschen, die die Stadt erst ausmachen, die sie gebaut haben und in ihr leben, mit der Abwanderung der durch die Industrie geschaffenen Arbeitsplätze ein bitteres Ende. Die Unternehmer suchen neue *Frontiers* und werden nicht in der neuen Welt, den USA, fündig sondern in anderen Ländern. Der *Frontier*-Mythos ist demnach nicht mehr ein Zeichen der Amerikanisierung, sondern wird de-amerikanisiert, d.h. es sind nun nicht mehr Amerikaner, die sich mit Hilfe des amerikanischen Traums auf der Zielgeraden zum Glück befinden, sondern die Bürger all jener anderen Nationen, in welche sich die amerikanische Industrie verlagert. Auch die Stadt Newark und ihre Bürger wachen aus ihren Träumen von Reichtum und dem damit verbundenen Glück auf. Keine Industrie bedeutet keine Arbeit, keine Arbeit bedeutet kein Geld. Für Newark wartet am Ende des Regenbogens nur mehr das Grab, wie Roth es formuliert.

2.1.2.6.3 *Die Korrekturen* – Eine Familie im Krebsgang

Alle Protagonisten in *Die Korrekturen* folgen dem *American Dream* auf ihre individuelle Weise und befinden sich irgendwo auf halber Strecke auf dem Weg zu ihrem Ziel, dem 'Glück'. Wie das Kapitel über die Familie gezeigt hat, sind jedoch alle Lamberts weit davon entfernt, dieses zu erreichen. An den Prämissen für das Ziel, den Charakteristika des Mythos Geld und Erfolg hapert es bereits.

Enid Lambert, Mutter von Gary, Chip und Denise und Ehefrau von Alfred, stammt aus bescheidenen Mittelklasse-Verhältnissen: „Sie war eine intelligente junge Frau und gute Wirtschafterin, die, nachdem sie Bettwäsche und Tischtücher in der Pension

---

289 Roth 302.
290 Roth 302.
291 Roth 303.

ihrer Mutter gebügelt hatte, nahtlos dazu übergegangen war [...] *chez* Lambert zu bügeln."[292] Sie hat einen starken Willen zum finanziellen Aufstieg und auch Angst, arm zu werden („Sie meinte, er [Alfred, ihr Mann] solle Aktien eines gewissen Unternehmens kaufen."[293]). Ihr Drang, zu Geld zu kommen, wird allerdings von ihrem Mann Alfred gebremst. Auf ihr Anliegen hin, Aktien zu kaufen, sagt Alfred entschieden: „[N]ein. [...] Er sagte so laut nein, dass eine Kupferschale, die das Küchenregal zierte, flüchtig summte, und verließ, ohne Enid einen Abschiedskuss gegeben zu haben, für elf Tage und zehn Nächte das Haus."[294] Da sie 'nur' Hausfrau und Mutter ist, will sagen, dass sie schwerlich selbst Geld verdienen kann, ist ihr Streben notwendigerweise eng mit dem ihres Mannes verknüpft. Nur durch ihn kann sie reich werden.

Alfred aber ist stur und bedingungslos puritanisch in seiner Auffassung auch in Bezug auf den Gelderwerb. Was Enids Träume von Reichtum und Glück betreffen, ist er absolut unnachgiebig, sie würde auch vor halblegalen und illegalen in jedem Fall aber 'unmoralischen' Methoden des Gelderwerbs nicht zurückschrecken. Alfred arbeitet sein ganzes Berufsleben lang für die Midland Pacific Eisenbahngesellschaft. Dort steigt er „zum zweiten Chefingenieur der Abteilung Gleis und Bau"[295] auf. Als solcher sieht er dem Niedergang der amerikanischen Industrie, vor allem aber der amerikanischen Arbeitsmoral mit Abscheu zu:

> „Wo Alfred im Hinterland [...] auch hinkam, immer hörte er junge Erie-Belt-Angestellte einander zurufen: 'Lass dir Zeit!'
> [...]
> Die Phrase erschien Alfred wie eine Fäule, die den Osten befallen hatte, ein passendes Epitaph für den einstmals großen Staat Ohio, den parasitäre Gewerkschafter beinahe ausgesaugt hatten. [...] In der hohen Prärie, wo er aufgewachsen war, galt einer, der sich Zeit ließ, nicht als richtiger Mann. Nun war eine neue, verweichlichte Generation nachgekommen, die es für rühmlich hielt, 'sich Zeit zu lassen'. [...] [Es] war die Parole [...], die es ihnen ermöglichte, über den ganzen Schlamassel um sie herum hinwegzusehen."[296]

Dieses Erkennen des Müßiggangs und die Abscheu gegen jene, die diesen zu verantworten haben, ist es auch, was Alfred so sehr an seinen Prinzipien festhalten lässt: Er gestattet Enid nicht Aktien 'eines gewissen Unternehmens' zu kaufen, trotzdem beide wissen, dass dieser Kauf sie reich machen würde. Stattdessen gewährt er einem Anderen die Chance:

---

292 Franzen 336.
293 Franzen 336.
294 Franzen 337.
295 Franzen 337.
296 Franzen 338 f.

> „'Ich habe jeden einzelnen Kilometer der Eri Belt Railroad inspiziert.'
> 'Erie Belt. Hm.' Chuck, die Hände im Schoß, hakte seine Daumen am Lenkrad ein.
> [...] 'Du bist ein fabelhafter Ingenieur. Es muss also einen Grund geben, warum
> ausgerechnet die Erie Belt.'
> 'Gibt es auch', sagte Alfred. 'Die Midpac wird sie kaufen.'
> [...]
> 'Aha', sagte Chuck. 'Dann wird's wohl auch eine offizielle Mitteilung gegeben
> haben.'
> 'Nein. Keine Mitteilung'.
> [...] Der Fairlane setzte sich in Bewegung, und Chuck lenkte ihn, als wähle er
> seinen Broker an, mit einem Zeigefinger in die Einfahrt."[297]

Dieses eine Mal bricht Alfred mit seinen gestrengen Regeln, mit seiner puritanisch-
moralischen Arbeits- und Geschäftseinstellung, nichts illegales zu tun. Er gibt seine
Insider-Information über den Verkauf der Eisenbahnlinie, mit der man an der Börse
ein Vermögen verdienen kann, ungehörigerweise und seinen Prinzipien aufs gröbste
widersprechend an einen befreundeten Nachbarn weiter. Dieser und nicht Alfred ist
es dann auch, der sich die Chance zunutze macht und reich wird. Trotzdem Alfred
auch von einem finanziell abgesicherten Leben träumt („Dass er sich irgendwann
keine Sorgen mehr ums Geld machen müsste: Das war [s]ein Traum [...]."[298]) lässt er
nicht sich, sondern einen Stellvertreter dem Traum ein Stück näher kommen.

Ein weiterer Versuch Alfreds, dem Traum, finanziell abgesichert zu sein, näher zu
kommen, ist sein Metallurgie-Labor, dass er sich im Keller seines Hauses in St. Jude
einrichtet.

> „Es war keine harte Wissenschaft, sondern primitiver Probabilismus auf der Basis
> von Versuch und Irrtum, ein blindes Tasten nach Zufällen, von denen er eventuell
> profitieren könnte. Einer seiner Kommilitonen auf dem College hatte mit den
> Ergebnissen einer solchen Zufallsentdeckung bereits die erste Million verdient."[299]

Auch Alfred erfindet „zwei US-amerikanische Patente"[300], von denen eines in den
Erwachsenenjahren seiner Kinder endlich Kapital abzuwerfen scheint. Am Telefon,
rund 20 Jahre nach der Erfindung, reden Enid und Gary über den Verkauf des
Patents, das den beiden Senioren endlich den langersehnten Geldsegen bescheren
soll:

> „[Enid] fragte Gary, ob er eine Firma namens Axon kenne. [...] 'Die wollen Dads
> Patent kaufen. Hier ich lese dir mal den Brief vor. Ich bin nicht ganz glücklich
> damit.'
> [...] Es war klar, dass der Anwalt, der diesen Brief aufgesetzt und ihn an einen
> alten Mann mit einer Adresse im Mittelwesten geschickt hatte, Alfred nur einen

---

297 Franzen 343 f.
298 Franzen 376.
299 Franzen 376.
300 Franzen 16.

Bruchteil dessen anbot, was das Patent tatsächlich wert war. Gary wusste, wie diese Winkeladvokaten arbeiteten. An Axons Stelle hätte er dasselbe getan.
[...]
Sie müssen mit sehr viel Geld rechnen. Sonst würden sie sich um das Patent gar nicht scheren."[301]

Den Gesetzen der einen Interpretation des *American Dream* und der *Frontier* folgend – nach deren sozialdarwinistischer Auslegung es völlig legitim ist, dass der Konzern einen viel niedrigeren Preis als möglich veranschlagt, Gary glaubt dies zu erkennen und akzeptiert es auch - bietet die Axon Corporation Alfred an, sein Patent zu kaufen. Gary und Enid, die Gier hat sie gepackt, fordern Axon zu neuen Verhandlungen. Beide rechnen allerdings nicht mit Alfreds unnachgiebiger Prinzipientreue:

„'Du willst mir doch nicht erzählen, dass du vorhast, das Angebot anzunehmen', sagte Gary. 'Das kommt nämlich überhaupt nicht infrage, Dad. Das steht gar nicht zur Debatte.
'Ich habe mich entschieden', sagte Alfred. 'Was ich tue, geht dich nichts an.'
[...]
'Ich gedenke zu nehmen, was sie mir angeboten haben, und die Hälfte davon Orfic Midland zu geben. [...] Es war abgemacht, dass ich eventuelle Erträge aus den Patenten mit ihnen teilen würde.'"

Auch diese Chance auf Reichtum und Glück, folglich auch die Chance darauf, der drohenden Altersarmut zu entgehen, gibt Alfred aus der Hand, da er fest in seinen moralischen Prinzipien verhaftet ist. Selbst seine Abmachung mit seinem früheren Arbeitgeber gedenkt er einzuhalten, obwohl die Midland Pacific Railroad bereits zerschlagen und zum Mischkonzern Orfic Midland geworden ist. Dies scheint für Gary schlicht stupide und sture Treue an eine „Firma, die gar nicht mehr [*existiert*]"[302]. Für ihn ist „Alfred [...] seinem Temperament nach (gestehen wir's uns ein) ein Verlierer – einer der Schwachen dieser Welt [...]"[303], der „auch noch vorhat[...], [seine] Krumen mit Orfic Midland zu teilen."[304]

Auch die letzte Chance auf Wohlstand verweigert er sich:

„Vierzehn Jahre früher, als der Verkauf der Midpac an die Wroth-Brüder gerade über die Bühne gegangen war, hatte der alte Herr schon einmal so ein sinnloses Kunststück fertig gebracht. [...] Creel [sein Vorgesetzter] bot Alfred eine fünfzigprozentige Gehaltserhöhung und ein Orfic-Aktienpaket an, wenn er sich einverstanden erklärte, zwei weitere Jahre zu bleiben, den Umzug nach Little Rock zu überwachen und Kontinuität zu gewährleisten.
Alfred verabscheute die Wroths und wollte eigentlich nein sagen, doch am Abend, zu Hause, begann Enid ihn zu bearbeiten. Sie hielt ihm vor Augen, dass die Orfic-Aktien allein 78 000 Dollar wert seien, dass seine Pension sich nach seinen letzten

301 Franzen 210 f.
302 Franzen 213.
303 Franzen 237.
304 Franzen 237.

drei Jahresgehältern bemessen werde und dass sich hier eine Chance biete, ihre Alterseinkünfte um fünfzig Prozent zu erhöhen.
Ihre unwiderlegbaren Argumente schienen Alfred zunächst umzustimmen, doch drei Abende später teilte er ihr mit, er habe am Nachmittag seine Kündigung eingereicht und Creel habe sie angenommen. Alfred fehlten zu diesem Zeitpunkt gerade einmal sieben Wochen, um das Jahr seines letzten und höchsten Gehalts voll zu machen; es ergab nicht den geringsten Sinn, vorher aufzuhören."[305]

Was Gary, aus dessen Perspektive hier erzählt wird, nicht weiß, ist, dass Alfred das verlockende Angebot aus bekannten Gründen ablehnt (er will sich nicht von Denise' Ex-Liebhaber erpressen lassen, wie im Kapitel *Happy American Family* beschrieben). Seinen moralischen Prinzipien und seinem Familiensinn folgend nimmt er seinen Hut bei der Eisenbahn und verzichtet darauf, doch noch 'ein Stück vom Kuchen abzubekommen'. Als Patriarch, der er nun mal ist, verrät er Enid und seinen Kindern kein Wort von den Gründen für seine Entscheidung.

Aber auch durch seinen tugendhaften Lebenswandel und seine Prinzipientreue wird Alfred nicht glücklich. Enid schon gar nicht: „Und der Mann, der so erpicht darauf gewesen war, sich aus dem Arbeitsleben zurückzuziehen: Was hatte er mit seiner freien Zeit gemacht? Er hatte in seinem blauen Sessel gesessen."[306] Alfred wird 'klinisch depressiv', wie es Gary und seine Frau ihm attestieren, und auch körperlich krank – im Alter hat er Parkinson. Enid ist unglücklich mit Alfreds medizinischer, ihrer ihn versorgenden und ihrer beider finanziellen Situation.

Somit treffen zwei konkurrierende Prinzipien in der Ehe von Enid und Alfred aufeinander: Idealismus und Kapitalismus. Diese Prinzipien sind es auch, die zwei gewichtige Interpretationsansätze des Mythos bilden. Sie träumt den *American Dream* auf die kapitalistische, rücksichtslose Weise, ist bereit, alle nötigen Erfordernisse zu erfüllen und auch darüber hinaus zu gehen, um ihr Ziel zu erreichen. Dazu gehört auch, etwas illegales zu tun, wie es die *Frontier*-Mentalität erwarten lässt. Alfred hingegen ist nicht bereit, die Idealvorstellung eines tugendhaften Lebens als Angestellter und Familienvater für Enids Vorstellungen vom Glück einzutauschen. Er ist der Idealist und Vertreter der moralischen Seite des Mythos. Alfred glaubt, dass man mit harter Arbeit und moralischem Verhalten zum Erfolg gelangen kann, auch ohne Gesetze übertreten zu müssen. Doch sein Familiensinn verbietet ihm, seine vorletzte Chance - Gehaltserhöhung, Aktienpaket, Pensionssteigerung - wahrzunehmen. Seine Moralvorstellungen von Verlässlichkeit und Berufsethos verleiden es ihm, sein Patent an die Axon Corporation zu verkaufen. So scheitern sie beide an ihrer individuellen Auslegung des Mythos und befinden sich

---

305 Franzen 215.
306 Franzen 216.

auf der Straße zum Glück im Krebsgang – statt vorwärts zu kommen, laufen Enid und Alfred seitwärts und im Kreis.

Hier sieht man wieder, wie bereits bei den anderen beiden Romanen, die Widersprüchlichkeit der amerikanischen Mythen, insbesondere des *American Dream*. Dieser deckt sich mit dem *Frontier*-Mythos bezüglich der Einhaltung moralischer Werte nicht. Auch Horatio Algers 'neue Zutat' Sozialdarwinismus lässt die Träumer in die Bredouille kommen.

Der einzige in der Lambert-Familie, der den amerikanischen Traum von Aufstieg und Reichtum wirklich zu leben scheint, ist Gary. Wie sein Vater ist auch er ein Angestellter. Dies allerdings nicht bei der Eisenbahn, sondern „[b]ei der CenTrust Bank, wo Gary mittlerweile die Investmentabteilung leitet[...]"[307]. Als Banker hat er ein hohes Einkommen, was man einem Blick durch das Kinderzimmer seiner Söhne entnehmen kann:

> „Wie die Beute in der Wohnung eines Diebs lag und stand hier stapelweise neues Computer-, Video- und Fotozubehör dessen Gesamtwert vermutlich das Jahreseinkommen von Garys Sekretärin bei der CenTrust überstieg, unbeachtet in den Ecken herum [hier teilt Franzen noch einen Seitenhieb auf die Ungleichheit aus, mit der die für den *American Dream* alles entscheidende Währung, Geld, verteilt ist]. Eine solche Luxusorgie in der Höhle eines Elfjährigen!"[308]

Gary hat zwar alles, was sich ein durchschnittlicher Amerikaner des ausgehenden 20. Jahrhunderts wünschen kann: eine Frau, Kinder, Eltern, ein gutes Gehalt, das es ihm und seiner Familie ermöglicht, ein Leben in Luxus zu führen. Er ist aber keineswegs glücklich. Der *American Dream*, der das Versprechen der *happiness* durch Reichtum gibt, erfüllt sich für ihn trotzdem nicht. Obwohl er seiner Familie ein Leben in Luxus ermöglicht, obwohl er bereit ist, wie seine Mutter, für den Reichtum die *Frontier*-Mentalität anzunehmen und seine Chancen zu nutzen („Die Intuition des Finanzmanns, ein warmes Kribbeln in den Lenden, sagte ihm, dass ihm hier vielleicht eine Insider-Information in den Schoß gefallen war."[309]) und obwohl Gary, glaubt man der Erzählung aus seiner persönlichen Sicht, ein Held der Arbeit ist (Er tätigt seine Finanzgeschäfte mit „europäischen und fernöstlichen Wachstumsfonds"[310] mit „Spielgeld"[311], was ihm die Aura des erfolgreichen 'Global Players' gibt), macht ihn weder der finanzielle Erfolg noch seine verwöhnte Familie glücklich. Gary lebt in einem 'goldenen Käfig'. Ständig wähnt er sich an der Grenze zur klinischen

---

307 Franzen 210.
308 Franzen 221.
309 Franzen 238.
310 Franzen 264.
311 Franzen 264.

Depression und gerade der Umstand, dass seine Familie ihn nicht glücklich macht (wie bereits im Kapitel über die *Happy American Family* gezeigt), obwohl er sie mit allem Luxus versorgt, den man kaufen kann, zeigt wiederum, dass man das Glück selbst eben nicht kaufen kann. *Ergo* ist die Idee, Geld mache glücklich, auch in *Die Korrekturen* als Märchen entlarvt. Garys Geld macht nicht glücklich, weder die verwöhnten Familienangehörigen noch den Verdiener selbst.

Auch Denise strebt auf ihre individuelle Weise nach dem kollektiven Ziel der *happiness*. Ihr kommt aber nicht die falsche Auslegung des Traums, auch nicht der Trugschluss von der Käuflichkeit der Liebe und auch nicht ihre moralischen Prinzipien in die Quere. Im Gegenteil: Es ist das Übergehen eben solcher moralischer Prinzipien, die ihren amerikanischen Traum zum platzen bringen.

Denise hat eine sehr puritanische Auffassung von Arbeit: Beim Sommer-Praktikum bei Alfreds Arbeitgeber Midland Pacific „arbeitet[…] sie mit einem Eifer, den garantiert *niemand* übertreffen [kann]."[312] Ihr Konkurrenzdenken macht sich schon in frühen Jahren bemerkbar: „Da es […] zwecklos [ist], sich mit den Zeichnern zu messen, [misst] sie sich mit dem jungen Mann, der in den zwei vorangegangenen Sommern in der Abteilung Signale gearbeitet hat[…]."[313] Dass sie Arbeit als ihre Erfüllung erachtet, sieht man auch an der Halbherzigkeit, mit welcher sie das College besucht: „Sie hatte ein schlechtes Gewissen, […] weil sie ihr Studium vernachlässigte […]."[314] Schnell gibt sie die höhere Bildung auf, um „sich in das Leben eines Kochs [zu] verlieb[en]"[315] und kommt zu dem Schluss, „dass eine geisteswissenschaftliche Fakultät dem Vergleich mit einer Küche nicht stand[hält]."[316] Ihr Arbeitseifer, so scheint es, ist nichts anderes als eine Strategie, sich ihrer Einsamkeit zu entledigen. Er dient also dem Erreichen einer Vorstufe des Glücks – dem Zustand, nicht mehr einsam zu sein. Diese Strategie geht jedoch nicht auf: Bereits zu Zeiten ihres Praktikums ist Denise „absolut einsam, sowohl bei der Arbeit als auch zu Hause."[317]

Die harte Arbeit hilft ihr nicht nur nicht dabei, ihre Einsamkeit loszuwerden. Immer wieder nimmt auch ihr Privatleben Schaden an ihrem Eifer. Ihre Ehe mit einem anderen Koch, dessen ihr abgängige Eigenschaften ihr zunächst imponieren („Virtuosität ohne jeden Tropfen Schweiß war zweifelsfrei Emiles größte Gabe"[318])

---

312 Franzen 490.
313 Franzen 490.
314 Franzen 521.
315 Franzen 522.
316 Franzen 523.
317 Franzen 515.
318 Franzen 526.

geht nicht zuletzt an ihrem an Workaholismus erinnernden Eifer und Ehrgeiz in die Brüche: denn „es kam ihr so vor, als wäre sie begabter und *hungriger* als ihr weißhaariger Ehemann."[319] Letztendlich lassen sich die beiden deswegen scheiden. Nicht nur ihr Privatleben und ihr persönliches Wohlbefinden leiden unter ihrem Arbeitsdrang. Auch ihr Körper und ihre Psyche drohen daran kaputt zu gehen:

> „Sie hatte Altweiberschmerzen in ihren jungen Hüften, Knien und Füßen. Sie hatte geschundene Altweiberhände, sie hatte eine trockene Altweibervagina, sie hatte Altweibervorurteile und Altweiberansichten, sie hatte eine Altweiberabneigung gegen junge Leute mit ihren elektronischen Geräten und ihrer Sprechweise."[320]

Hier wird durch die Figur der Denise ein wichtiger Teil des *American Dream* demontiert - die Auffassung, dass man mit harter Arbeit zum Erfolg und so auch zum Glück gelangt. Denise 'malocht' richtig, doch statt durch die Arbeit erfolgreich und glücklich zu werden, geht sie daran fast kaputt.

Dennoch scheint ihr Traum von einem arbeitsreichen und erfolgreichen Leben in Erfüllung zu gehen, als ihr angeboten wird, eine eigene Restaurantküche nach ihren Vorstellungen zu konzipieren und zu leiten. Ihr Ehrgeiz und ihre 'Hungrigkeit' scheinen erstmals befriedigt werden zu können. Doch die Episode mit dem 'Generator', wie das Restaurant heißt, das sehr erfolgreich ist und „sie zum Star macht[...]"[321], findet ein jähes Ende, da Denise die moralische Tugend ihres Vaters nicht übernommen hat und sich auf eine Dreiecksgeschichte mit ihrem Chef und seiner Frau einlässt: „Solange er [ihr Chef] fort war, zahlte Denise ihm seine Großzügigkeit und sein Vertrauen jede Nacht zurück, indem sie in die Panama Street fuhr und mit seiner Frau schlief."[322] Sie wird von ihrem Chef dabei ertappt und sein lapidares „'Du bist gefeuert'"[323] stürzt Denise sogleich in eine schwere Sinnkrise: „Nachdem sie von Brian Callahan gefeuert worden war, hatte Denise sich mit dem Tranchiermesser zerteilt und die Stücke vor sich auf den Tisch gelegt."[324] Ihre verschiedenen, auf den ersten Blick Glück verheißenden Lebensentwürfe, „eine[...] Ehe mit Emile Berger, [...] eine Affäre mit Robin Passafaro"[325], erweisen sich „auf

319 Franzen 525.
320 Franzen 525.
321 Franzen 582.
322 Franzen 571.
323 Franzen 595.
324 Franzen 690.
325 Franzen 691.

lange Sicht als unbrauchbar"[326] und letztlich steht sie „ohne Mann, ohne Kinder, ohne Arbeit, ohne Verpflichtungen, vollkommen wertlos da[...]."[327]

An ihrem mangelnden Moralempfinden und ihrem überbordenden Arbeitseifer gescheitert, offenbart sich für Denise die vollkommene Hoffnungslosigkeit der Verlierer des amerikanischen Traums: kein Geld, keine Arbeit, keine Familie = kein sinnvolles Leben, kein Glück. Der amerikanische Traum ist für sie nur mehr ein schwarzes Loch, eine Illusion, derer sich hinzugeben nach allem Gewesenen sie nicht mehr in der Lage ist. Denise scheitert daran, dass sie die richtigen Tugenden in falschem Maß in sich vereint: mit sehr viel mehr Moral und sehr viel weniger Arbeitseifer, hätte ihre Geschichte durchaus eine Erfolgsstory werden können. Auch sie befindet sich im Krebsgang.

In welchem Maße der *American Dream* in Franzens Roman jedoch als illusorisch dargestellt wird, offenbart sich am augenscheinlichsten in jenem Erzählstrang, der von Chipper 'Chip' Lambert handelt. Chip, wie er verkürzt genannt wird, ist der Lieblingssohn Alfreds und, nach Garys Definition, wie auch sein Vater und seine Schwester, ein 'Verlierer'. Seine Unternehmungen Reichtum und Glück zu erlangen sind die Geschichte des gescheiterten *American Dream par excellence*.

Chip hat zwar die richtigen Anlagen, kann seine Möglichkeiten aber nicht entscheidend ausspielen:

> „Er war immer ein guter Schüler gewesen, und da sich schon früh gezeigt hatte, dass er für nahezu jede ökonomische Aktivität ungeeignet war (abgesehen vom Kaufen: Das konnte er gut), hatte er beschlossen, sein Leben den geistigen Dingen zu widmen."[328]

Er studiert Literaturwissenschaften, die, laut Enid „zu gar nichts nütze"[329] sind und promoviert darin sogar. Gerade wegen der Kritik seiner Eltern an seiner Berufswahl ist er „ganz entschieden zu harter Arbeit motiviert"[330]: „Also war er wesentlich früher aufgestanden als seine Kommilitonen, die bis zwölf oder eins ihren Gauloises-Kater ausschliefen, und hatte jene Preise, Beihilfen und Stipendien angehäuft, die im akademischen Königreich die gültige Währung waren."[331] Sein Eifer scheint zunächst zu fruchten: „[D]as D- College [bietet] ihm einen Fünfjahresvertrag mit Aussicht auf

---

326 Franzen 691.
327 Franzen 691.
328 Franzen 49.
329 Franzen 49.
330 Franzen 49.
331 Franzen 49.

84

Festanstellung".[332] Der „Dekan [...][verspricht ihm] praktisch eine Anstellung auf Lebenszeit".[333] Sein Aufstieg zu Reichtum und Glück durch eine fruchtbare und erfolgreiche akademische Laufbahn scheint zunächst vorprogrammiert.

Doch wie Denise und Gary ist auch Chip nicht das Moralempfinden seines Vaters zu eigen. Er schläft mit einer seiner Studentinnen. Auf der persönlichen Ebene ist diese Episode für Chip besonders demoralisierend, denn er stalkt sie, nachdem sie die Beziehung mit ihm beendet hat. Wie Denise kommt auch ihm der Mangel an Prinzipien in die Quere. Mit seiner Beziehung zu der Studentin findet gleichzeitig auch seine akademische Karriere ein Ende:

> „'[I]ch bin gefeuert worden. Sie haben mich nicht mal mehr die letzten zwei Semesterwochen unterrichten lassen. Jemand anderes musste die Prüfungen abnehmen. Und ich kann die Entscheidung nur anfechten, indem ich einen Zeugen aufrufe. Aber wenn ich mit meinem Zeugen zu reden versuche, gilt das bloß als weiterer Beweis für mein Vergehen.'"[334]

Seine Selbstachtung ist zerstört und er versinkt in eine post-amouröse Depression: „Er kniete zu Füßen seiner Chaiselounge und beschnupperte akribisch, Zentimeter für Zentimeter, den Plüsch, und zwar in der Hoffnung, dass, acht Wochen nachdem Melissa Paquette hier gelegen hatte, noch eine Spur vaginalen Aromas daran haftete."[335] Diesen Zustand könnte man dahingehend charakterisieren, dass er auf persönlicher wie auch auf beruflicher Ebene 'ganz unten' angekommen ist – von Würde oder gar Glück ist hier keine Spur. Auch finanziell ist Chip durch das Ausbleiben des monatlichen Gehaltschecks vom 'D- College' ruiniert. Immer wieder muss er sich Geld von seiner Schwester leihen. Am Ende schuldet er Denise rund „$ 20 500".[336]

Halbwegs rappelt er sich beruflich wie privat auf, dies jedoch wieder nur mit Hilfe seiner Schwester. Er plant, ein „kommerzielle[s] Drehbuch[...]"[337] zu schreiben. Auch dieses Unternehmen sowie die Beziehung mit der Assistentin der potentiellen Drehbuch-Käuferin scheitern jedoch.

Nach dieser weiteren Niederlage wagt er einen Neuanfang an einer *New Frontier*: im von den Nachbeben des Kommunismus gebeutelten Litauen:

---

332 Franzen 50.
333 Franzen 50.
334 Franzen 112.
335 Franzen 110.
336 Franzen 610
337 Franzen 38.

> „Das schöne am Internet war, dass Chip ganzleiene Lügengeschichten hinein-
> stellen konnte, ohne sich auch nur der Mühe zu unterziehen, seine Recht-
> schreibung zu überprüfen. [...] Chip persönlich kannte sich mit dem Internet zwar
> nicht besonders gut aus, aber er war ein Amerikaner unter vierzig, und Amerikaner
> unter vierzig waren allesamt Experten darin zu beurteilen, was professionell und
> zeitgemäß aussah und was nicht. [...] Er und Gitanas [sein 'Geschäftspartner']
> gingen in eine Kneipe [...], engagierten für dreißig Dollar am Tag plus Millionen
> wertloser Aktien-Optionen fünf junge Litauer [...] und einen Monat lang setzt Chip
> diesen slangschleudernden Webheads erbarmungslos zu. Er zwang sie, ameri-
> kanische Seiten wie nbci.com und Oracle unter die Lupe zu nehmen. [...]"[338]

Die *New Frontier* spaltet sich hier in einen materiellen Raum, das reale Land Litauen, und in den virtuellen Raum des Internets auf. Wie es der *Frontier*-Mythos beschreibt, wird Chip in die ihm unbekannten Lebenswirklichkeiten des Baltenstaats gestoßen. Zudem kennt er sich auch 'mit dem Internet nicht besonders gut aus'. Dennoch sind Litauen und Internet für ihn zwei Möglichkeiten für einen persönlichen und, vor allem, finanziellen Neuanfang, ein Ort der individuellen Regeneration: nach seinen zahlreichen beruflichen und persönlichen Niederlagen kommt er aus Amerika und hat wieder Arbeit. Auch wenn dieser neue Broterwerb rechtlich und moralisch fragwürdiges Treiben voraussetzt.

Dies entspricht aber wiederum den *Frontier*-Charakteristika und der zweiten Interpretation des Mythos *American Dream*: Beide Orte sind Räume, wo die gewonnenen Ressourcen ohne größere Kosten und ohne die Anlage von Kapital genutzt werden können. Auch hier lassen sich 'teilweise exorbitante Gewinne' erzielen. Zudem lebt Chip in Litauen ein unabhängiges und oft auch glückliches Leben, von dem er in den USA, wo seine *Unhappy Family*, die Erinnerung an seine Niederlagen und seine Schulden auf ihn warten, nur träumen kann. Ihre Geschäftspolitik passen Chip und Gitanas den Gegebenheiten der Stunde an und versuchen, die Situation bestmöglich zu nutzen:

> „Die Lektion, die Gitanas bereits gelernt hatte und die auch Chip jetzt lernte, war
> die: Je offenkundiger die Versprechungen, desto kräftiger der Zustrom amerika-
> nischen Kapitals. [...] Er hatte das Gefühl, hier, im Reich der reinen Hirngespinste,
> endlich sein Metier gefunden zu haben. Genau wie Melissa Paquette es vor langer
> Zeit behauptet hatte, war es eine Mordsgaudi, ein Unternehmen zu gründen, eine
> Mordsgaudi, das Geld hereinkommen zu sehen. [...] schon bald überstiegen die
> wöchentlichen Bruttoeinnahmen vierzigtausend Dollar. [...] Gitanas steckte einen
> Großteil davon in Nebengeschäfte, verdoppelte jedoch, vereinbarungsgemäß,
> Chips Gehalt, sobald die Gewinne stiegen.
> [...]
> Obwohl Chip die Miete für seine New Yorker Wohnung und das monatliche
> Minimum seiner Visa-Rechnung weiterhin bezahlte, kam er sich in Vilnius
> angenehm wohlhabend vor."[339]

---

338 Franzen 603
339 Franzen 605 ff.

Chip hat Spaß an seiner Arbeit mit dem Internet und ist in Litauen glücklich:

> „Aus der Entfernung von über siebentausend Kilometern wirkt[...] alles, was er zurückgelassen hat[...] – seine Eltern, seine Schulden, seine Misserfolge [...] - überschaubar klein. An der Arbeitsfront und an der Sexfront und an der Freundschaftsfront ging es ihm so viel besser, dass er eine Zeit lang ganz vergaß, was Kummer war."[340]

Seine „Arbeit bei Tag [macht ihm] Spaß"[341]. In Bezug auf Sex „befreit[... er] sich von [...] jener erblichen Scham, die gegen fünfzehn Jahre theoretischen Dauerbeschusses resistent gewesen war"[342] - auch das ist ein Zeichen für seinen persönlichen Neuanfang. *In puncto* Glück durch persönliche Beziehungen ist die Zeit in Litauen für Chip durchaus erfolgreich: „Chips wahre Liebe in Vilnius war Gitanas", der ihn „fortwährend fürstlich bewirtet" und „auf Händen [trägt]".[343]

Im Chip-Erzählstrang haben sich die USA zur 'alten Welt' gewandelt, aus der der Held in die 'neue Welt' Europa fliehen muss, um all die Dinge erreichen zu können, die er sich von seinem individuellen Streben nach Glück verspricht. Der *American Dream* wird so zum *European* oder *Lithuanian Dream*, die Kritik am Mythos ist immanent und offensichtlich: Den USA wird hier schlichtweg die Eigenschaft abgesprochen, ihren Bürgern den *American Dream* ermöglichen und sie glücklich machen zu können. Auch hier herrscht eine verkehrte Welt, bloß, dass es nicht Chip ist, der sich diesbezüglich im Krebsgang befindet, sondern die USA selbst.

Die Idee, dass Reichtum glücklich macht, wird im Falle Chips jedoch auf den ersten Blick forciert statt demontiert. In Litauen ist er wohlhabend und glücklich, wie obige Zitate zeigen. Das einzige Manko, und damit der Faktor, der ausmacht, dass der *American Dream* nicht erfüllt wird, ist, dass er nicht in den USA, sondern eben in Litauen glücklich ist. Dieses wird als ein Land dargestellt, wo kaum einer nach westlichen Maßstäben als 'wohlhabend' gelten kann. Infrastrukturell und wirtschaftlich befindet es sich in der Prekärsituation kurz nach dem Untergang des Sozialismus. Letztlich gewinnt Chip aber nichts dadurch, dass er in Litauen wohlhabend ist. Denn: er muss wieder zurück in die Vereinigten Staaten. So ist der sich an westlichen Maßstäben orientieren müssende Chip objektiv gesehen in Litauen nicht reich und sein Glück nur von kurzer Dauer. Deswegen ist auch sein vermeintlich erfüllter Traum nur ein Trugschluss.

---

340 Franzen 609.
341 Franzen 608.
342 Franzen 608.
343 Franzen 608 f.

Denn am Ende implodiert Chips *New Frontier* Litauen, und mit ihr die andere, das Internet, gleich mit. Litauen, das als Ort des Neuanfangs und als Ideallösung für Chip begonnen hatte, erweist sich für den Amerikaner letztendlich als nicht besiedelbar. Auch fordert die alte 'neue Welt' ihn zur Rückkehr aus der neuen 'neuen Welt'. Er kann nicht einmal für die beabsichtigten sechs Monate bleiben, die er brauchen würde, um genug Geld zu verdienen, Denise auszubezahlen: „Wie absolut typisch war es da für sein Glück, dass, noch bevor er auch nur zwei Monate in Vilnius verbringen konnte, sowohl sein Vater als auch Litauen in die Knie gingen."[344] Der Neuanfang findet ein jähes Ende, als die politischen Umwälzungen innerhalb des Staates („Litauen [holpert] den steinigen Abhang zur Anarchie hinunter"[345]) und die akuten Krankheiten seines Vaters ihn zur Abreise zwingen. An Chips *New Frontier*, die eigentlich, der idealistischen Interpretation des Mythos entsprechend, ein Ort amerikanischer Tugenden, wie Freiheit, Individualismus, Demokratie, Gemeinschaftssinn, Pragmatismus, etc., sein sollte, werden diese Tugenden aber entweder vergessen oder durch Übertreibung *ad absurdum* geführt, sodass sie zu Untugenden werden und ein Leben für den U.S.-Bürger unmöglich machen:

> „Waren wurden, dem bekannten Paradoxon einer Flaute gemäß, knapp, weil es keine Käufer gab. Je schwerer es war, Alufolie oder Hackfleisch oder Motoröl aufzutreiben, um so reizvoller wurde es, Lastwagen, die diese Güter geladen hatten, zu überfallen oder sich rücksichtslos in den Verteilungskampf hineinzudrängen. […] Die Untergrundwirtschaft lernte bald, den Wert eines Revierhauptmanns genauso zu bestimmen wie den einer Kiste Glühbirnen."[346]

Am Ende kommt es soweit, dass „Vitkunas [ein litauischer Kriegsherr und Gegenspieler von Chips Vorgesetztem] einen Putsch inszenier[t], um die rechtmäßigen Entscheidungen des litauischen Volkes aufzuheben"[347] und Chip fliehen muss. Der Traum von Neuanfang und Glück, von der Amerikanisierung der *New Frontier* ist damit vom Tisch.

Die Kernaussage von Chips Erzählstrang ist somit, dass der *American Dream* weder in den USA noch sonstwo auf der Welt zum Erfolg führen kann. Zwar wird Chip dadurch, dass er endlich Geld hat, glücklich, aber dieses Glück ist nur von kurzer Dauer. Dies ist auch der Illegalität seines Treibens an den jeweiligen *New Frontiers* geschuldet. Hier ist es wieder einmal die Zwiespältigkeit des Mythos, der die Analyse uneindeutig macht: Was ist im *American Dream* wichtiger, Tugend und Moral oder die

---

344 Franzen 609.
345 Franzen 611.
346 Franzen 611.
347 Franzen 627.

Befreiung aus deren Zwängen, die den Menschen an der *Frontier* und durch den Sozialdarwinismus gestattet werden?

Eine weitere, eigenständige, Kritik am Kapitalismus, den freien Märkten und somit auch am Mythos des *American Dream* ist folgende Passage:

> „Chip war überrascht, als er feststellte, wie sehr sich der schwarze Markt Litauens und der freie Markt Amerikas ähnelten. In beiden Ländern konzentrierte sich der Wohlstand in den Händen weniger; jede belangvolle Unterscheidung zwischen privatem und öffentlichem Sektor war verwischt; Handelskapitäne lebten in ständiger Anspannung und weiteten ihre Imperien deshalb skrupellos aus; einfache Bürger lebten in ständiger Angst, gefeuert zu werden, und in ständiger Ungewissheit darüber, welches mächtige private Interesse irgendeine ehemals öffentliche Institution gerade regierte; und die Wirtschaft wurde im Wesentlichen von der unersättlichen Nachfrage der Elite nach Luxusgütern angeheizt."[348]

Der Vergleich mit den USA, wo sich der Wohlstand lediglich in den Händen Weniger befinde, verweigert der Idee, wonach der *American Dream* ein kollektives Streben nach Glück ist, die Berechtigung und Richtigkeit. Wenn nur Wenige reich sind, ist auch das Glück nur einem Bruchteil der Bevölkerung vergönnt und keine kollektive, sondern eine individuelle Errungenschaft. Auch der in den USA gepflegte Sozialdarwinismus unterliegt hier harscher Kritik: Wenn Bürger ständig in Angst leben, gefeuert zu werden, kann auch dies nicht förderlich für die kollektive *happiness* sein. Zudem steht hier die Selbstbestimmung, also die Freiheit, im Brennpunkt: Im Gegensatz dazu, wie es eigentlich sein sollte, hat sich in Litauen, respektive in den USA, ein Kampf mächtiger Staatsapparate entwickelt, in welchem die Bevölkerung lediglich Kollateralschäden darstellen, anstatt vom Staat unbehelligt nach ihrem Glück streben zu können. In diesem Textauszug werden viele Kriterien des *American Dream* und dessen Auswirkungen als falsch und/oder negativ dargestellt und mit Zuständen in einer Bananenrepublik auf dem Weg in die Anarchie gleichgesetzt.

---

348 Franzen 612.

2.1.3 *American Exceptionalism* und *Manifest Destiny*

Der dritte und letzte Komplex amerikanischer Mythen, auf den in vorliegender Arbeit eingegangen werden soll, ist die Verbindung aus *American Exceptionalism* und *Manifest Destiny.*

Der Exzeptionalismus hat seine

> „Wurzeln im puritanischen England: Zu den politisch und ideologisch einflussreichsten Selbstkonstruktionen der USA zählt das Selbstverständnis als Nation und Gesellschaft mit einer welthistorischen Sonderstellung und einem missionarischen Sendungsbewusstsein."[349]

John Blair schreibt, dass es kaum eine weiter verbreitete Selbsteinschätzung der Bürger der USA von sich und ihrem Platz in der Welt gibt, als der von ihrem außergewöhnlichen (und überlegenen) Status.[350] Wichtig ist hierbei, um der Sonderstellung ein ideologisches Fundament zu verleihen, „die Vorstellung einer vorgeblich 'neuen Welt' und einer geschichtslosen Nation",[351] die keine Gräueltaten und Verbrechen begangen hat, *ergo* moralisch intakt und unschuldig ist.

Die Mystifizierung der USA als *City Upon a Hill*, zu welcher alle anderen 'cities' (meint: alle anderen Nationen der Welt) aufschauen, hat mit der frühen Kolonisierung des amerikanischen Kontinents begonnen und existiert bis heute[352] (Hierbei gibt Blair das Beispiel des Buchs *American Exceptionalism* von Seymour Martin Lipset, welches eine Vielzahl sozialwissenschaftlicher Beweise anführt, meist von Vergleichsstudien gezogen, die durch Minimalunterschiede zeigen, inwiefern die USA von anderen westlichen Kulturen differieren; zugleich dienen diese Minimalunterschiede dazu die USA qualitativ von den anderen Kulturen abzuheben[353]).

Hebel schreibt: „Mit dem Begriff des >American Exceptionalism< wird das Selbstverständnis und das Überlegenheitsgefühl der U.S.-amerikanischen Nation als welthistorisch singulär und politisch-gesellschaftlich einzigartig im Vergleich mit allen anderen Nationen bezeichnet".[354] Des Weiteren dient der Mythos dazu, imperialen Einfluss und Kontrolle außerhalb der Grenzen der USA geltend zu machen".[355] Er

---

349 Hebel 312.
350 John Blair. „„Against American Exceptionalism: Post-Colonial Perspectives on Irish Immigration". *American Foundational Myths.* Hgs. Grabler, Gudrun und Martin Heusser, (Tübingen: Narr, 2002), 15.
351 Hebel 312.
352 Blair 15.
353 Blair 15.
354 Hebel 312.
355 Blair 15.

stützt sich dabei darauf, dass die USA sich als „Vorbildgemeinschaft in einem gelobten Land mit einem heilsgeschichtlichen Auftrag für den Rest der Welt"[356] sehen und die U.S.-Nation als „universelles politisches und gesellschaftliches Modell"[357] dient, eben als diese *City Upon a Hill*. Während der letzten 50 Jahre des 20. Jahrhunderts diente der *American Exceptionalism* im Kontext des Kalten Krieges auch dem Diskurs der nationalen 'Selbstbeweihräucherung'.[358]

Mit *American Exceptionalism* eng verknüpft ist *Manifest Destiny*. *Manifest Destiny* dient dazu, nationalistischen Expansionismus zu unterstützen[359]. John L. O'Sullivan war der erste, der die Phrase in seinem *United States Magazine and Democratic Review* im Jahr 1845 benutzt [360]: *The fulfillment of our manifest destiny to overspread the continent allotted by Providence"*[361]"for the free development of our yearly multiplying millions"[362]. Im *Oxford Learner's Dictionary Online* steht weiter, dass die Idee der *Manifest Destiny* dazu gedient habe, die Landnahme der USA von den *Native Americans* und die Annexionen von Kalifornien und Texas zu rechtfertigen. Letzteres habe zum Krieg mit Mexiko geführt.[363]

Hebel schreibt:

> „Im Laufe des 19. Jh.s verbinden sich die heilsgeschichtlichen und politisch-utopischen Komponenten des sendungsbewussten Exzeptionalismus mit territorialer Expansionsrhetorik, teleologischer Fortschrittsgläubigkeit und ethnozentrischem Überlegenheitsdenken."[364]

Ist der Mythos und die damit vermeintlich gerechtfertigte Ausdehnung des amerikanischen Volkes anfänglich nur auf den nordamerikanischen Kontinent bezogen,

> „weitet sich der Einfluss- und Machtbereich der USA im Zusammenhang mit dem globalen Imperialismus [bis zum Ende des 19.Jh.s] [weit] über den nordamerikanischen Kontinent [hinaus] aus. Vorstellungen von *Manifest Destiny* und *Exceptionalism* verschiedener Apologeten (z.B. Josiah Strong in seinem Bestseller *Our Country* (1885) und Senator Albert C. Beveridge in politischen Reden >>The Philippines are Ours Forever<< [aus dem Jahre 1900]) positionieren

---

356 Hebel 312.
357 Hebel 313.
358 Blair 15.
359 Alexander J. .Motyl, „Manifest Destiny", *Encyclopedia of Nationalism Volume 2*. Hg. (San Diego: Academic Press, 2001), 317.
360 Motyl 317.
361 Motyl 317.
362 „Manifest Destiny", Oxford Advanced Learner's Dictionary Online, *Oxfordlearnersdictionaries.com*, 14. Dec. 2011. <http://oald8.oxfordlearnersdictionaries.com/dictionary/manifest-destiny#manifest-destiny>.
363 „Manifest Destiny", OED Online.
364 Hebel 313.

die USA und ihre dominante angloamerikanische Elite in die Rolle einer von Gott auserwählten Nation (*God's Own Country*) und eines globalen Erlösers."[365]

Das Sendungsbewusstsein bestimmt „das außenpolitische Handeln und die geostrategische Planung der USA"[366] bis in die heutige Zeit.

> „Die sendungsbewusste Rhetorik des Exzeptionalismus prägt maßgebliche Präsidentenreden von Präsident Woodrow Wilsons Begründung des Eintritts der USA in den Ersten Weltkrieg 1917 bis zur zweiten Antrittsrede von Präsident George W. Bush im Januar 2005. Selbstdefinitionen der weltgeschichtlichen Ausnahmerolle der USA spiegeln sich in der Rhetorik gegen totalitäre Systeme von den 1920er Jahren bis zum Ende des Kalten Kriegs und in der anhaltenden Beanspruchung von Ausnahmeregelungen für die USA und für U.S.-amerikanische Staatsbürger und Soldaten im internationalen Rechtswesen."[367]

Nicht nur in der Rhetorik findet das Sendungsbewusstsein seinen Niederschlag, was die Kriegseinsätze im Irak und in Afghanistan der Nuller-Jahre zeigen. Die Implikationen der *Manifest Destiny* für die globale Rolle der Vereinigten Staaten und ihres Militärs bilden daher immer noch einen wichtigen Teil des amerikanischen Nationalismus.[368]

2.1.3.1 *American Exceptionalism* und *Manifest Destiny* in *Amerikanisches Idyll*

In *Der große Gatsby* finden sich die beiden Mythen kaum, da dieser ausschließlich von U.S.-amerikanischen Belangen handelt und die Protagonisten ausschließlich in den USA sind. Auch in *Die Korrekturen* ist der Mythenkomplex lediglich marginal zu finden und wenn, dann würde er sich mit den Ausführungen von Chips Erzählstrang im *American Dream* überschneiden. Dies soll aufgrund der drohenden Gefahr der Redundanz vermieden werden. Umso mehr sind die beiden Mythen in Philip Roth' *Amerikanisches Idyll* vertreten.

Beispiele für die Obsession vieler U.S.Amerikaner mit ihrer vermeintlichen Ausnahmestellung in der Welt finden sich im Roman schon in den vielen Passagen, in denen es um die alltäglichen Bereiche des bürgerlichen Lebens und der Populärkultur geht. In einer außergewöhnlichen Gesellschaft liegt es nahe, nach dem Außergewöhnlichsten unter den Außergewöhnlichen zu suchen. Dafür gibt es verschiedene Wettbewerbe, die Qualität der Menschen zu messen. So gibt es auf der einen Seite den Sport. Der Schwede ist, wie bereits erwähnt, ein wahres Ass in

---

365 Hebel 314.
366 Hebel 315.
367 Hebel 315.
368 Motyl 317.

allen drei großen amerikanischen Sportarten Base-, Foot- und Basketball. Nicht zuletzt deswegen wird er von seiner, obwohl jüdischen, Gemeinde gottgleich verehrt:

> „Der Schwede. Das war in den Kriegsjahren, als ich noch zur Grundschule ging, in unserem Viertel in Newark ein magischer Name, auch für Erwachsene, die nur eine Generation von dem alten Prince-Street-Ghetto entfernt und noch nicht so lupenrein amerikanisiert waren, dass sie vor den Leistungen eines High-School-Sportlers auf die Knie gefallen wären."[369]

Ein anderer Weg, die außergewöhnlichsten U.S-Amerikaner zu ermitteln, ist die Veranstaltung zahlreicher Schönheitswettbewerbe, die Jahr für Jahr stattfindet. Dawn Dwyer, die Frau des Schweden, nimmt an der Wahl zur Miss America teil. So sind der Schwede und seine Frau *das* amerikanische Vorzeigepaar. Gemeinsam ziehen sie nach Old Rimrock, das auf einem „einsamen Hügel"[370] liegt, was eine Anspielung auf die *City Upon The Hill* ist. Was die amerikanische Nation im Großen sind, sind der Schwede und seine Frau im Kleinen: Sie sind die Vorbilder für die anderen Amerikaner, die Auserwählten unter den Auserwählten, sozusagen das *'Couple Upon the Hill'*.

Eine leicht abgewandelte Form von *Manifest Destiny* (es geht nicht um nationalistische und territoriale, sondern ökonomische Expansion) ist die Verlagerung der Handschuhproduktion von Newark Maid ins Ausland:

> „Seiner Sekretärin erzählte er, er führe zur tschechischen Gesandtschaft nach New York, wo es bereits Vorgespräche wegen einer für den Herbst geplanten Reise in die Tschechoslowakei gegeben hatte. [...] Es war nicht mehr zu bezweifeln, dass Lederwaren in der Tschechoslowakei billiger – und wahrscheinlich auch besser – als in Newark und Puerto Rico hergestellt werden konnten. [...] Auch wenn der Schwede seinem Vater versichert hatte, dass er nicht die Absicht habe, irgendeinen Teil ihres Unternehmens an eine kommunistische Regierung abzutreten, ehe er gründlich Auskunft eingeholt hätte, war er zuversichtlich, dass der Fortgang aus Newark nur noch eine Frage der Zeit war."[371]

Hier werden die vordergründig hehren Absichten der *Manifest Destiny*, als Vorbild für die restliche Welt Frieden, Freiheit und Demokratie zu verbreiten, dahingehend entlarvt, dass sie lediglich der ökonomischen Bereicherung dienen. Eine Unterstellung, die in der Realität beispielsweise den Irak- und den Afghanistan-Krieg begleitet hat, wobei hier die Anschuldigung erhoben wurde, es ginge den U.S.-Politikern vor allem um die Rohstoffvorkommen der beiden Länder. Selbst politische Ideale, um auf den Schweden zurückzukommen, werden für den schnöden Mammon über Bord geworfen – ein U.S.-Unternehmen in einem kommunistischen Land wie

---

369 Roth 9.
370 Roth 125.
371 Roth 300 f.

der Tschechoslowakei ist eigentlich unerhört. Dass der Schwede dennoch ein Republikaner aus vollem Herzen ist, dazu später.

Aber die eigentlich markantesten Verkörperungen und ihre Demontagen des *American Exceptionalism* und *Manifest Destiny* sind wieder in den Familienverhältnissen der Levovs und ihren Abhängigkeiten mit der U.S.-amerikanischen Außenpolitik der 1960er und 1970er Jahre zu suchen. Die Gesellschaft wie auch die Familie hat sich in zwei politische Fronten gespalten. Die Erwachsenengeneration, allen voran der Schwede, ist durchdrungen von der Idee des *American Exceptionalism* und der *Manifest Destiny*, die Kindergeneration betrachtet diese beiden Mythen als fatal für die restliche Welt.

Die Begeisterung des Schweden für die USA und ihre Territorialmacht zeigen ihn als absoluter Verehrer der Vereinigten Staaten mit fundamentalen politisch-republikanischen Idealen: Als Kind „[… geriet] er schon in Verzückung, wenn er nur den Namen der [damals noch] achtundvierzig Bundesstaaten aufzählte! Und wie er sich an den Straßenkarten berauschte, die man an der Tankstelle geschenkt bekam."[372] Auch der Militärdienst im U.S. Marine Korps ist „'die beste Erfahrung, die ich je in meinem Leben gemacht habe'"[373], erklärt Zuckerman aus Levovs Sicht. Der Schwede ist stolz „ein echter Marine der Vereinigten Staaten"[374] zu sein. Zudem sind die USA für den Schweden *god's own country*, denn er lebt am

> „herrlichsten Flecken der Welt. [...] Ach, er lebte ja in Amerika, wie er in seiner Haut lebte! Alle Freuden seiner jüngeren Jahre waren amerikanische Freuden, sein Erfolg und sein Glück waren amerikanisch gewesen [...]. Ja, alles, was seinen Errungenschaften Sinn gegeben hatte, war amerikanisch gewesen."[375]

So ist es kein Wunder, wenn die USA für den Schweden den Mittelpunkt der Welt bilden, er sozusagen ein 'amerikanozentrisches' Weltbild vertritt: „'Ich frage dich nicht nach Indien. Indien interessiert mich nicht. Wir leben nicht in Indien. Ich frage nach Amerika'"[376], appelliert er an seine Tochter, die dem indischen Jainismus anhängt. Levov ist auf militaristischer, territorialer sowie kultureller Ebene voll und ganz mit den USA zufrieden und ist daher auch die optimale Personifizierung der reaktionären Streitpartei der politischen Auseinandersetzungen der 1960er und 1970er Jahre zwischen Jugend und 'Establishment'.

---

372 Roth 286.
373 Roth 290.
374 Roth 294.
375 Roth 294.
376 Roth 337.

Dem Schweden und seinen Ansichten gegenüber steht seine Tochter Merry, die die Personifizierung der aufbegehrenden Jugend ist: „Amerikanerin zu sein, das bedeutete für sie, Amerika zu hassen, wohingegen Amerika zu lieben für ihn [ihren Vater] etwas war, auf das er ebenso wenig verzichten konnte wie auf die Liebe zu seinen Eltern, [...]"[377]. Merry hat nicht nur einen Hass auf die USA, sondern auch auf ihre Familie, besonders ihre Eltern, die ja geradezu die Verkörperung dieses Landes sind: „Die Familie, die in Gerbereien auf einer Stufe und Seite an Seite mit den niedrigsten der Niedrigen angefangen hatte – für sie jetzt <<Kapitalistenschweine>>."[378] Der Graben zwischen den beiden Fronten Vater und Tochter wird bald unüberbrückbar, denn „[e]r liebt[...] das Amerika, das sie hasst[...] und für alles verantwortlich macht[...], was im Leben unvollkommen [ist] [...]".[379] Was im Leben unvollkommen ist, ist für Merry auch der aggressive Expansionismus der USA und das kriegerische Engagement ihres Vaterlandes (im doppelten Sinn) in Vietnam und den Nachbarländern. Merrys Ansichten fasst der Schwede in seinem imaginierten Gespräch mit der Bürgerrechtlerin Angela Davis folgendermaßen zusammen: „[...], die Vereinigten Staaten haben wirklich nichts anderes im Sinn, als die Welt für die Konzerne sicher zu machen und die Armen davon abzuhalten, den Reichen in die Quere zu kommen, [...] die Vereinigten Staaten sind *weltweit* für jegliche Unterdrückung verantwortlich."[380] Diese vom Schweden in der Verzweiflung gemachten Statements – bitterlich vermisst er seine Tochter - sind nicht ganz von der Hand zu weisen. Merrys Hass auf Amerika gründet auf weltpolitischen Ereignissen, die in ihrer Kindheit, ihren Lauf genommen haben:

> „Es war 62 oder 63, um die Zeit des Attentats auf Kennedy, noch bevor der Krieg in Vietnam so richtig angefangen hatte, als Amerika sich, soweit allgemein bekannt, lediglich am Rande dessen befand, was dort drüben durcheinander geriet. Der besagte Mönch war in den Siebzigern [...]. Der Mönch öffnete einen großen Plastikkanister und goss daraus Benzin und Kerosin [...] über sich und den Asphalt um ihn herum. Dann riss er ein Streichholz an, und ein Nimbus wehender Flammen wallte von ihm auf."[381]

Für die Figur Merry ist dieses wahre Ereignis ein traumatisches Erlebnis. Sie fragt ihre Eltern: „Muss man sich selbst einsch-sch-schmelzen, um die Leute zur V-v-vernunft zu b-bringen? [...] Hat irgendwer ein Gewissen?".382 Zudem ist dies die

---

377 Roth 295.
378 Roth 295.
379 Roth 295.
380 Roth 230.
381 Roth 213.
382 Roth 215.

Initialzündung für ihren späteren Hass auf das Land, welches ihr Vater so sehr liebt. Im Roman versucht der Schwede den Vorfall seiner kleinen Tochter begreiflich zu machen:

> „Der Schwede las sorgfältig die Zeitungen, um ihr erklären zu können, warum der Mönch das getan hatte. Es ging dabei um den südvietnamesischen Präsidenten, General Diem, es ging um Korruption, um Wahlen, um komplizierte regionale und politische Konflikte, es ging um den Buddhismus selbst ..."[383]

Dass sich dieser Mönch selber in Brand steckte, hatte in Wahrheit den Hintergrund, dass er gegen die Unterdrückung der Buddhisten in Südvietnam unter dem katholischen General Ngo Dinh Diem protestieren wollte. Dieser war von John F. Kennedy, zu diesem Zeitpunkt Präsident der USA und selbst ein Katholik, als neuer Herrscher eingesetzt worden[384]. Dies ist ein Paradebeispiel des angefeindeten *American Exceptionalisms*, durch den sich die Amerikaner gerechtfertigt fühlen sollen, in das politische Geschehen fremder Länder und Kulturen unter dem Deckmantel der Heilsbringerschaft einzugreifen. Gleichzeitig ist es auch die Demontage eben dieses Mythos, da diese Interventionen allen Beteiligten mehr Schaden denn Nutzen bringen. Nicht nur die Menschen der fremden Kultur haben unter der U.S.-Intervention zu leiden, sondern auch das Leben einer Amerikanerin wird auf den Kopf und deren soziales Gewissen massiv auf die Probe gestellt. Das kriegerische Engagement der Vereinigten Staaten, die Erfüllung der *Manifest Destiny* auch in Übersee, genauer gesagt in Indochina, bringt große Teile der jungen Bevölkerung der USA gegen ihre Regierungen auf (es sind mehrere präsidiale Administrationen an diesem Krieg beteiligt). Auch Merry rebelliert. Es fängt mit einem Poster der Weathermen in ihrem Zimmer an: „Der Text darauf lautete: 'Wir sind gegen alles, was im weißen Amerika als gut und anständig gilt. Wir wollen plündern und niederbrennen und zerstören. Wir sind die Ausgeburten der Albträume eurer Mütter'"[385]. Bei einem Poster bleibt es jedoch nicht. Ihre Einstellungen werden immer radikaler, sie selbst wird komplett politisiert. Merry widerspricht ihrem Vater in endlosen Gesprächen in jedweder politischen Ansicht: „Gespräch Nr. 1 über New York. [...] 'Du triffst dich in New York mit politisch aktiven Leuten.' 'Ich weiß nicht wovon du redest. Alles ist politisch. *Zähneputzen* ist politisch'[...]".[386] Sie ist gegen alles, 'was im weißen Amerika als gut und anständig gilt', also auch gegen ihre

---

383 Roth 216.
384 „Ngo Dinh Diem", Spartacus Schoolnet, *Spartacus.Schoolnet.co.uk,* 20. Dez. 2011.
   <http://www.spartacus.schoolnet.co.uk/VNngo.htm >
385 Roth 346.
386 Roth 148 f.

Eltern, die ja die anständigen und vorbildlichen Bürger *in persona* sind, und verschwindet nach ihrem ersten Bombenanschlag in den Untergrund. Ob es nun die Weathermen sind, denen sich Merry anschließt, oder eine andere terroristische Vereinigung, spielt dabei kaum eine Rolle. Wichtig ist, dass sie gegen das politische Establishment gewaltsam rebelliert: Auf die Aufforderung des Schweden, zu sagen, wer sie angestiftet habe, das Attentat zu begehen, antwortet Merry: „'Lyndon Johnson'"[387], ein Präsident, der den Vietnamkrieg mitzuverantworten hat. Merry als Verkörperung der Terroristen gibt so nicht sich selbst die Schuld an ihrer Tat, wäscht ihre Hände *quasi* in Unschuld. Sie sieht ihr Treiben lediglich als eine Reaktion auf die Aktionen der politischen Klasse der USA:

> „'Du w-w-wahnsinniger Irrer! Du mi-mi-mieses gemeines M-monster!', fauchte sie Lyndon Johnson an, wann immer sein Gesicht in den Sieben-Uhr-Nachrichten auftauchte. Das Fernsehgesicht des Vizepräsidenten Humphrey schrie sie an: 'Du Arsch, halt dein b-b-blödes Lügenmaul, du F-f-feigling, du hinterhältiger d-d-dreckiger Kollaborateur!'"[388]

Dass die Revolution ihre Kinder frisst, ist jedoch auch im Falle der gewaltbereiten Rebellen der 1960er und 1970er Jahre und Merry der Fall:

> „Uns geht es um die *Menschheit*! Hat die Menschheit jemals ohne ein paar Pannen und Fehler Fortschritte gemacht? Die Menschen sind wütend, und sie haben gesprochen! Gewalt wird mit Gewalt beantwortet, ohne Rücksicht auf die Folgen, so lange, bis die Menschen befreit sind! Ein Postamt weniger im faschistischen Amerika, Stützpunkt komplett zerstört."[389]

So formuliert Erzähler Zuckerman die Ansichten der nach deren Glauben idealistisch handelnden Terroristen. Aber: „Hamlins Laden war so wenig eine Regierungseinrichtung wie das Büro, in dem irgendein Steuerberater einem beim Ausfüllen der Formulare hilft."[390] Dieses Detail mag noch mit dem Unwissen Merrys zu tun haben. Doch die Rebellen, die glauben, gerade gegen die USA und deren Exzeptionalismus und *Manifest Destiny* zu protestieren, tappen in genau dieselbe Falle, in die auch die politischen Führer der USA, die sie ja bekämpfen wollen, getappt sind:

> „Wie unaufhaltsame Maschinen produzieren sie selbst die Gräuel, die ihren gusseisernen Idealismus beflügeln. [...] Sie sind zu allem bereit, wenn es nur den Lauf der Geschichte [nach ihren Vorstellungen] ändern kann. Nicht einmal der Kriegsdienst droht ihnen [für die meisten jungen Amerikaner der Grund, gegen den

387 Roth 340.
388 Roth 143.
389 Roth 298 f.
390 Roth 299.

Vietnam Krieg zu protestieren]; stattdessen melden sie sich freiwillig und furchtlos zu Terrorakten gegen den Krieg, begehen bewaffnete Raubüberfälle, morden und verstümmeln mit Sprengstoffattentaten – unbeeindruckt von Angst und Zweifeln und inneren Widersprüchen".[391]

Die Terroristen haben gerade das, was sie mit ihren Aktionen bekämpfen wollen, bereits so in sich aufgesogen, die Ideologien bereits so fest in sich verankert, dass sie nur noch mit den gleichen Mitteln antworten, die auch ihre Feinde einsetzen.

Der Schwede fragt nach den Gründen für den Amoklauf der jungen Generation und seiner Tochter: „Was ist aus unseren klugen jüdischen Kindern geworden? Sie sind wirklich verrückt. Irgendetwas *macht* sie verrückt. Irgendetwas hat sie gegen alles eingenommen. Irgendetwas führt sie in die Katastrophe."[392] Dieses 'irgendetwas' sind der *American Exceptionalism* und die *Manifest Destiny* der USA. Die jungen Terroristen, in ihren eigenen Augen sind sie Idealisten und rechtmäßige Revolutionäre, glauben wie ihre Väter und Mütter und davor deren Väter und Mütter, usw., die Welt bekehren, sie retten zu müssen; wie die Älteren versuchen sie ihre Ziele zu verwirklichen, indem sie Gewalt anwenden; wie die älteren scheitern sie jedoch: Der Vietnam Krieg geht für die USA verloren. Auch der terroristische Krieg gegen das kriegerische Engagement der USA in Übersee und somit gegen *Manifest Destiny* und *American Exceptionalism* kann nicht als gewonnen bezeichnet werden. Weiterhin gibt es Kampfeinsätze amerikanischer Truppen überall auf der Welt, zuletzt eben in Afghanistan und Irak.

---

391 Roth 349 f.
392 Roth 351.

3. Die großen Mythen heute

Die Antwort auf die Frage, ob die drei Mythen bzw. Mythenkomplexe *Happy American Family*, *American Dream* und *American Exceptionalism/Manifest Destiny* in den drei Romanen als illusorisch und trügerisch entlarvt werden, ist drei Mal 'ja'. In allen drei Werken dienen die an sich hehren Absichten hinter den Mythen dazu, die Protagonisten zu täuschen, zu enttäuschen oder ins Verderben zu stürzen. Die Bilanz sind zwei Tote (Gatsby und Myrtle Wilson), ein zum Schwerverbrecher gewordener Automechaniker (Wilsons Ehemann), eine Sektenangehörige auf dem Weg zum rituellen Selbstmord (Merry), zwei zynische und gefühlskalte Angehörige der Oberschicht, die sich auf ihren Elfenbeinturm zurückgezogen haben (Tom und Daisy Buchanan), zwei desillusionierte Erzähler (Carraway und Zuckerman), eine kreuzunglückliche Familien (die Lamberts) und eine zerstörte Familie (die Levovs). Was dies für die Gesellschaft der USA aussagt, wäre eine interessante Frage und ließe Inhalte für eine gänzlich neue Arbeit zu. Diese müsste jedoch eher von der Sozialwissenschaft denn der Literaturwissenschaft bewerkstelligt werden.

Auch zeigt sich an diesen Romanen, die alle in verschiedenen Zeiten des 20. Jahrhunderts spielen, dass sich der Eindruck, den die U.S.-Gesellschaft und deren Mythen auf die zeitgenössischen Autoren macht, im Lauf des Jahrhunderts verschlechtert hat. War es bei Fitzgerald noch eine subtile und erst auf den zweiten Blick vernichtende Kritik der jeweiligen Mythen, *Der große Gatsby* erschien im Jahr 1925, ist es bei Roth Roman bereits anders.

Dieser handelt zwar von der Periode der 1940er Jahren bis in die späten 1970er Jahre, wird aber aus der Sicht des Jahres 1995 erzählt und hat durch diesen Abstand eine größere Einsicht das Geschehen. Daher wird in *Amerikanisches Idyll* das Bild des pastoral-arkadischen Lebens nur aufgebaut, um dieses umso bedingungsloser wieder zerstören zu können. Der Titel des Romans ist somit auch nicht ernst gemeint. Im Gegenteil. Der Buchname *Amerikanisches Idyll* oder *American Pastoral*, wie der Titel im amerikanischen Englisch heißt, ist eine Ironisierung, nicht nur des in den USA weit verbreiteten Pastoralismus-Glaubens, sondern auch die Ironisierung der U.S.-Gesellschaft *per se*. Auch scheint Roth überhaupt keine optimistische Perspektive für seine Protagonisten und somit auch nicht für die USA zu sehen. Was nach der Lektüre seines Romans bleibt, ist nur noch die Frage danach, wie es weitergehen soll?

Auch Franzen, dessen Roman als einziger im neuen Jahrtausend erschienen ist (2001), aber, wegen der zeitlichen Nähe, noch für das 20. Jahrhundert gelten kann, hat eine pessimistische Grundaussage. Im ganzen Roman ist nicht nur die Abwesenheit des Glücks, sondern auch eine regelrechte Non-Existenz des Optimismus zu erkennen. Auch Franzen ist ein 'Schwarzseher'.

So scheint es, als ob die Autoren der Werke, je später sie geboren sind, umso pessimistischer in ihrer Auffassung der U.S.-Gesellschaft und deren Zukunft sind. Gleichzeitig ist jeder der drei Romane einer speziellen Epoche gewidmet und die Protagonisten sind die Helden bzw. Antihelden, die den Untergang dieser Epochen miterleben und exemplarisch verkörpern.

Worauf man auch noch einmal hinweisen sollte, ist die Widersprüchlichkeit der amerikanischen Mythen. Vor allem der *American Dream* ist nicht eindeutig definiert und lässt großen Raum für Interpretationen. Dies führt dazu, dass wenn der Mythos nach der idealisierten Interpretation, wie gezeigt, ausgelegt würde, allen Beteiligten geholfen wäre; wenn er aber nach der kapitalistisch-sozialdarwinistischen Lesart verwirklicht wird, nur einzelnen Wenigen geholfen wird. Dass dies jedoch eher der Realität entspricht, sieht man beispielsweise am Auseinanderklaffen der Einkommensschere der U.S.-Bürger, wonach ein Prozent der U.S-Bevölkerung fast alles, die restlichen 99 Prozent jedoch fast nichts besitzen. Zudem bringen *Exceptionalism/Manifest Destiny* zwar Positives für die USA, jedoch viel Negatives für die restliche Welt. Auch wenn, zumindest teilweise, gut gemeinte Absichten hinter ihnen stecken.

Appendix #1 – Auszug aus der Autobiografie von Benjamin Franklin:

1. TEMPERANCE. Eat not to dullness; drink not to elevation.

2. SILENCE. Speak not but what may benefit others or yourself; avoid trifling conversation.

3. ORDER. Let all your things have their places; let each part of your business have its time.

4. RESOLUTION. Resolve to perform what you ought; perform without fail what you resolve.

5. FRUGALITY. Make no expense but to do good to others or yourself; i.e., waste nothing.

6. INDUSTRY. Lose no time; be always employ'd in something useful; cut off all unnecessary actions.

7. SINCERITY. Use no hurtful deceit; think innocently and justly, and, if you speak, speak accordingly.

8. JUSTICE. Wrong none by doing injuries, or omitting the benefits that are your duty.

9. MODERATION. Avoid extreams; forbear resenting injuries so much as you think they deserve.

10. CLEANLINESS. Tolerate no uncleanliness in body, cloaths, or habitation.

11. TRANQUILLITY. Be not disturbed at trifles, or at accidents common or unavoidable.

12. CHASTITY. Rarely use venery but for health or offspring, never to dulness, weakness, or the injury of your own or another's peace or reputation.

13. HUMILITY. Imitate Jesus and Socrates.

My intention being to acquire the habitude of all these virtues, I judg'd it would be well not to distract my attention by attempting the whole at once, but to fix it on one of them at a time; and, when I should be master of that, then to proceed to another, and so on, till I should have gone thro' the thirteen; and, as the previous acquisition of some might facilitate the acquisition of certain others, I arrang'd them with that view, as they stand above. Temperance first, as it tends to procure that coolness and clearness of head, which is so necessary where constant vigilance was to be kept up, and guard maintained against the unremitting attraction of ancient habits, and the force of perpetual temptations. This being acquir'd and establish'd, Silence would be more easy; and my desire being to gain knowledge at the same time that I improv'd in virtue, and considering that in conversation it was obtain'd rather by the use of the ears than of the tongue, and therefore wishing to break a habit I was getting into of prattling, punning, and joking, which only made me acceptable to trifling company, I gave Silence the second place. This and the next, Order, I expected would allow me more time for attending to my project and my studies. Resolution, once become habitual, would keep me firm in my endeavors to obtain all the subsequent virtues; Frugality and Industry freeing me from my remaining debt, and producing affluence and independence, would make more easy the practice of Sincerity and Justice, etc., etc. Conceiving then, that, agreeably to the advice of Pythagoras in his Golden Verses, daily examination would be necessary, I contrived the following method for conducting that examination.

I made a little book, in which I allotted a page for each of the virtues. I rul'd each page with red ink, so as to have seven columns, one for each day of the week, marking each column with a letter for the day. I cross'd these columns with thirteen red lines, marking the beginning of each line with the first letter of one of the virtues, on which line, and in its proper column, I might mark, by a little black spot, every fault I found upon examination to have been committed respecting that virtue upon that day.

[...]

THE MORNING. Question. What good shall I do this day?	{5} {6} {7} {8}	Rise, wash, and address Powerful Goodness! Contrive day's business, and take the resolution of the day; prosecute the present study, and breakfast.
	{9} {10} {11}	Work
NOON.	{12} {1} {2}	Read, or overlook my accounts, and dine.
	{3} {4} {5}	Work
EVENING. Question. What good have I done today?	{6}	Put things in their places.
	{7} {8}	Supper. Music or diversion, or conversation.
	{9} {10} {11} {12}	Examination of the day.
NIGHT.	{1} {2} {3} {4}	Sleep.

[...]393

393 Franklin, Benjamin. „The Autobiography of Benjamin Franklin – Chapter 8", earlyamerica.com, 23. Nov. 2011, <http://www.earlyamerica.com/lives/franklin/chapt8/>.

Appendix #2: Auszug aus der Rede John F. Kennedys als Nominierungskandidat der Demokratischen Partei 1960

We stand today on the edge of a New Frontier...a frontier of unknown opportunities and perils -- a frontier of unfulfilled hopes and threats. The New Frontier of which I speak is not a set of promises -- it is a set of challenges. It sums up not what I intend to offer the American people, but what I intend to ask of them. It appeals to their pride, not to their pocketbook -- it holds out the promise of more sacrifice instead of more security...Beyond that frontier are the uncharted areas of science and space, unsolved problems of peace and war, unconquered pockets of ignorance and prejudice, unanswered questions of poverty and surplus. It would be easier to shrink back from that frontier, to look to the safe mediocrity of the past, to be lulled by good intentions and high rhetoric...but I believe the times demand new invention, innovation, imagination, decision. I am asking each of you to be pioneers on that New Frontier.394

394 Kennedy, John F. *Acceptance Speech to the Democratic National Convention on July 15 1960.* Jfklibrary.org. 29. Nov. 2011 <http://www.jfklibrary.org/Events-and-Awards/New-Frontier-Award.aspx.>

Primärliteratur:

- Fitzgerald, Francis Scott. *Der große Gatsby*. Übersetzer: Walter Schürenberg. München: Süddeutsche Zeitung Bibliothek, 2004.

- Franzen, Jonathan. *Die Korrekturen*. Übersetzer: Bettina Abarbanell. Reinbek bei Hamburg: Rowohlt Taschenbuch Verlag, 2002.

- Roth, Philip. *Amerikanisches Idyll*. Übersetzer: Werner Schmitz. Reinbek bei Hamburg: Rowohlt Taschenbuch Verlag, 2000.

Sekundärliteratur:

- „II. Myth and Symbol School". *Cultural Theory* – Culturalpolitics.net. 11. Nov. 2011. <http://culturalpolitics.net/cultural_theory/myth>.

- Baier, Jochen. „The Long Delayed But Always Expected Something: Der 'American Dream' in den Dramen von Tennessee Williams". *Studien zur anglistischen Literatur- und Sprachwissenschaft, Band 14*. Hg. Jochen Baier. Trier: Wissenschaftlicher Verlag Trier, 2001.

- Barthes, Roland. *Mythen des Alltags*. Frankfurt am Main: Edition Suhrkamp, 1964.

- Bercovitch, Sacvan. „The Problem of Ideology in American Literary History", In: *Critical Inquiry* 12 (1986), 631-653.

- Blair, John. „Against American Exceptionalism: Post-Colonial Perspectives on Irish Immigration". *American Foundational Myths*. Hgg. Grabler, Gudrun und Martin Heusser. Tübingen: Narr, 2002. 15-29.

- „Family Values". *Critical Enquiry*. Criticalenquyry.com. 14. Nov. 2011. <http://www.criticalenquiry.org/theory/society.shtml>.

- Franklin, Benjamin. „The Autobiography of Benjamin Franklin – Chapter 8", earlyamerica.com, 23. Nov. 2011, <http://www.earlyamerica.com/lives/franklin/chapt8/>.

- Freese, Peter. „America: Dream or Nightmare?" in *Arbeiten zur Amerikanistik, Band 4*. Hrsg. v. Peter Freese. Essen: Die Blaue Eule, 1990.

- Gordon, Andrew. „The Critique of the Pastoral, Utopia, and the American Dream in American Pastoral". *Philip Roth – American Pastoral, The Human Stain, The Plot Against America*. Hg. Debra Shostak. New York: Continuum, 2011. 33- 43.

- Grabher, Gudrun und Martin Heusser. *American Foundational Myths*. Tübingen: Narr, 2002. 9-14.

– Hahn, André. *Family, Frontier and American Dreams – Darstellung und Kritik nationaler Mythen im amerikanischen Drama des 20. Jahrhunderts*. Trier: Wissenschaftlicher Verlag, 2009.

– Hebel, Udo J. *Einführung in die Amerikanistik/American Studies*. Stuttgart: J.B. Metzler, 2008.

– Höss, Tilman. *F. Scott Fitzgerald: die Philosophie des Jazz Age*. Frankfurt am Main: Lang, 1994.

– Keller, Jürgen P. *The American Dream Gone Astray – Critical Realism in American Fiction 1920 – 1940*. Bern: Lang, 1995.

– Kennedy, John F. *Acceptance Speech to the Democratic National Convention on July 15 1960*. Jfklibrary.org. 29. Nov. 2011
       http://www.jfklibrary.org/Events-and-Awards/New-Frontier-Award.aspx.

– Kerr, Thomas D. *Chasing After The American Dream*. New York: Kroshka Books, 1996.

– Kuklick, Bruce. "Myth and Symbol in American Studies." *American Quarterly* 24 (1972): 435-450.

– Lindemann-Nelson, Hilde. „The Myth of the Traditional Family" in *Feminism and Family*. Hg. Hilde Lindemann Nelson. New York: Routledge, 1997. 27-42.

– „Manifest Destiny". Oxford Advanced Learner's Dictionary Online. Oxfordlearnersdictionaries.com,14.Dec.2011.
<http://oald8.oxfordlearnersdictionaries.com/dictionary/manifest-destiny#manifest-destiny >.

– Mintz, Steven and Susan Kelogg. *Domestic Revolutions: a Social History of American Family Life*. New York: The Free Press, 1988.

– Motyl, Alexander J. „Manifest Destiny". *Encyclopedia of Nationalism, Volume 2*. San Diego: Academic Press, 2001.

    – „Manifest Destiny". Oxford Advanced Learner's Dictionary Online. *Oxfordlearnersdictionaries.com*, 14. Dec. 2011.
    <http://oald8.oxfordlearnersdictionaries.com/dictionary/manifest-destiny#manifest-destiny >.

– „Ngo Dinh Diem". Spartacus Schoolnet. *Spartacus.Schoolnet.co.uk*. 20. Dez. 2011. <http://www.spartacus.schoolnet.co.uk/VNngo.htm >.

– Slotkin, Richard. „Myth and the Production of History" in *Ideology and Classic American Literature*. Hgg. Sacvan Bercovitch and Myra Jehlen. Cambridge: Cambridge University Press, 1986. 70-90.

– Smith, Henry Nash. „Can >American Studies< Develop a Method?". *Studies in American Culture – Dominant Ideas and Images*. Hgg. Joseph J. Kwiat und Mary C. Turpie. Minneapolis: University of Minnesota Press, 1960. 3-15.

- *Unger, Frank. Amerikanische Mythen – Zur inneren Verfassung der Vereinigten Staaten. Frankfurt am Main: Campus, 1988.*